book2

books in 2 languages

book2 Deutsch - Lettisch für Anfänger

IMPRINT / IMPRESSUM

Johannes Schumann:
book2 Deutsch - Lettisch für Anfänger
ISBN-13: 978-3-93-814124-3

Inquiries / Anfragen:
info@50languages.com
info@goethe-verlag.com

Inhalt

1 [eins]

1 [viens]

Personen

Personas

ich
ich und du
wir beide

es
es un tu
mēs abi

er
er und sie
sie beide

viņš
viņš un viņa
viņi abi

der Mann
die Frau
das Kind

vīrietis
sieviete
bērns

eine Familie
meine Familie
Meine Familie ist hier.

ģimene
mana ģimene
Mana ģimene ir šeit.

Ich bin hier.
Du bist hier.
Er ist hier und sie ist hier.

Es esmu šeit.
Tu esi šeit.
Viņš ir šeit un viņa ir šeit.

Wir sind hier.
Ihr seid hier.
Sie sind alle hier.

Mēs esam šeit.
Jūs esat šeit.
Viņi visi ir šeit.

2 [zwei]

Familie

2 [divi]

Ģimene

der Großvater
die Großmutter
er und sie

vectēvs
vecmāmiņa
viņš un viņa

der Vater
die Mutter
er und sie

tēvs
māte
viņš un viņa

der Sohn
die Tochter
er und sie

dēls
meita
viņš un viņa

der Bruder
die Schwester
er und sie

brālis
māsa
viņš un viņa

der Onkel
die Tante
er und sie

tēvocis
tante
viņš un viņa

Wir sind eine Familie.
Die Familie ist nicht klein.
Die Familie ist groß.

Mēs esam ģimene.
Ģimene nav maza.
Ģimene ir liela.

3 [drei]

3 [trīs]

Kennen lernen

Iepazīt

Hallo! Guten Tag! Wie geht's?	Sveiks! Sveika! Sveiki! Labdien! Kā klājas? / Kā iet?
Kommen Sie aus Europa? Kommen Sie aus Amerika? Kommen Sie aus Asien?	Vai Jūs esat no Eiropas? Vai Jūs esat no Amerikas? Vai Jūs esat no Āzijas?
In welchem Hotel wohnen Sie? Wie lange sind Sie schon hier? Wie lange bleiben Sie?	Kurā viesnīcā Jūs dzīvojat? Cik ilgi Jūs jau esat šeit? Cik ilgi Jūs te paliksiet?
Gefällt es Ihnen hier? Machen Sie hier Urlaub? Besuchen Sie mich mal!	Vai Jums šeit patīk? Vai Jūs te pavadāt atvaļinājumu? Apciemojiet mani!
Hier ist meine Adresse. Sehen wir uns morgen? Tut mir Leid, ich habe schon etwas vor.	Te ir mana adrese. Vai mēs rīt redzēsimies? Man ļoti žēl, bet man jau ir citi plāni.
Tschüs! Auf Wiedersehen! Bis bald!	Atā! / Čau! Uz redzēšanos! Uz drīzu redzēšanos!

4 [vier]

4 [četri]

In der Schule

Skolā

Wo sind wir? Wir sind in der Schule. Wir haben Unterricht.	Kur mēs esam? Mēs esam skolā. Mums ir nodarbības.
Das sind die Schüler. Das ist die Lehrerin. Das ist die Klasse.	Tie ir skolēni. Tā ir skolotāja. Tā ir klase.
Was machen wir? Wir lernen. Wir lernen eine Sprache.	Ko mēs darām? Mēs mācāmies. Mēs mācāmies valodu.
Ich lerne Englisch. Du lernst Spanisch. Er lernt Deutsch.	Es mācos angļu valodu. Tu mācies spāņu valodu. Viņš mācās vācu valodu.
Wir lernen Französisch. Ihr lernt Italienisch. Sie lernen Russisch.	Mēs mācāmies franču valodu. Jūs mācāties itāliešu valodu. Viņi mācās krievu valodu.
Sprachen lernen ist interessant. Wir wollen Menschen verstehen. Wir wollen mit Menschen sprechen.	Mācīties valodas ir interesanti. Mēs gribam saprast cilvēkus. Mēs gribam runāt ar cilvēkiem.

5 [fünf]

Länder und Sprachen

5 [pieci]

Valstis un valodas

John ist aus London.
London liegt in Großbritannien.
Er spricht Englisch.

Džons ir no Londonas.
Londona atrodas Lielbritānijā.
Viņš runā angļu valodā.

Maria ist aus Madrid.
Madrid liegt in Spanien.
Sie spricht Spanisch.

Marija ir no Madrides.
Madride atrodas Spānijā.
Viņa runā spāņu valodā.

Peter und Martha sind aus Berlin.
Berlin liegt in Deutschland.
Sprecht ihr beide Deutsch?

Pēteris un Marta ir no Berlīnes.
Berlīne atrodas Vācijā.
Vai jūs abi runājat vāciski?

London ist eine Hauptstadt.
Madrid und Berlin sind auch Hauptstädte.
Die Hauptstädte sind groß und laut.

Londona ir galvaspilsēta.
Madride un Berlīne arī ir galvaspilsētas.
Galvaspilsētas ir lielas un trokšņainas.

Frankreich liegt in Europa.
Ägypten liegt in Afrika.
Japan liegt in Asien.

Francija atrodas Eiropā.
Ēģipte atrodas Āfrikā.
Japāna atrodas Āzijā.

Kanada liegt in Nordamerika.
Panama liegt in Mittelamerika.
Brasilien liegt in Südamerika.

Kanāda atrodas Ziemeļamerikā.
Panama atrodas Vidusamerikā.
Brazīlija atrodas Dienvidamerikā.

6 [sechs]

Lesen und schreiben

6 [seši]

Lasīšana un rakstīšana

Ich lese.	Es lasu.
Ich lese einen Buchstaben.	Es lasu burtu.
Ich lese ein Wort.	Es lasu vārdu.
Ich lese einen Satz.	Es lasu teikumu.
Ich lese einen Brief.	Es lasu vēstuli.
Ich lese ein Buch.	Es lasu grāmatu.
Ich lese.	Es lasu.
Du liest.	Tu lasi.
Er liest.	Viņš lasa.
Ich schreibe.	Es rakstu.
Ich schreibe einen Buchstaben.	Es rakstu burtu.
Ich schreibe ein Wort.	Es rakstu vārdu.
Ich schreibe einen Satz.	Es rakstu teikumu.
Ich schreibe einen Brief.	Es rakstu vēstuli.
Ich schreibe ein Buch.	Es rakstu grāmatu.
Ich schreibe.	Es rakstu.
Du schreibst.	Tu raksti.
Er schreibt.	Viņš raksta.

7 [sieben]

Zahlen

7 [septiņi]

Skaitļi

Ich zähle:
eins, zwei, drei
Ich zähle bis drei.

Es skaitu:
viens, divi, trīs
Es skaitu līdz trīs.

Ich zähle weiter:
vier, fünf, sechs,
sieben, acht, neun

Es skaitu tālāk:
četri, pieci, seši,
septiņi, astoņi, deviņi

Ich zähle.
Du zählst.
Er zählt.

Es skaitu.
Tu skaiti.
Viņš skaita.

Eins. Der Erste.
Zwei. Der Zweite.
Drei. Der Dritte.

Viens. Pirmais.
Divi. Otrais.
Trīs. Trešais.

Vier. Der Vierte.
Fünf. Der Fünfte.
Sechs. Der Sechste.

Četri. Ceturtais.
Pieci. Piektais.
Seši. Sestais.

Sieben. Der Siebte.
Acht. Der Achte.
Neun. Der Neunte.

Septiņi. Septītais.
Astoņi. Astotais.
Deviņi. Devītais.

8 [acht]

Uhrzeiten

8 [astoņi]

Pulksteņa laiki

Entschuldigen Sie! Wie viel Uhr ist es, bitte? Danke vielmals.	Atvainojiet, lūdzu! Cik, lūdzu, ir pulkstenis? Liels paldies.
Es ist ein Uhr. Es ist zwei Uhr. Es ist drei Uhr.	Pulkstenis ir viens. Pulkstenis ir divi. Pulkstenis ir trīs.
Es ist vier Uhr. Es ist fünf Uhr. Es ist sechs Uhr.	Pulkstenis ir četri. Pulkstenis ir pieci. Pulkstenis ir seši.
Es ist sieben Uhr. Es ist acht Uhr. Es ist neun Uhr.	Pulkstenis ir septiņi. Pulkstenis ir astoņi. Pulkstenis ir deviņi.
Es ist zehn Uhr. Es ist elf Uhr. Es ist zwölf Uhr.	Pulkstenis ir desmit. Pulkstenis ir vienpadsmit. Pulkstenis ir divpadsmit.
Eine Minute hat sechzig Sekunden. Eine Stunde hat sechzig Minuten. Ein Tag hat vierundzwanzig Stunden.	Minūtē ir sešdesmit sekundes. Stundā ir sešdesmit minūtes. Diennaktī ir divdesmit četras stundas.

9 [neun] Wochentage	9 [deviņi] Nedēļas dienas
der Montag	pirmdiena
der Dienstag	otrdiena
der Mittwoch	trešdiena
der Donnerstag	ceturtdiena
der Freitag	piektdiena
der Samstag	sestdiena
der Sonntag	svētdiena
die Woche	nedēļa
von Montag bis Sonntag	no pirmdienas līdz svētdienai
Der erste Tag ist Montag.	Pirmā diena ir pirmdiena.
Der zweite Tag ist Dienstag.	Otrā diena ir otrdiena.
Der dritte Tag ist Mittwoch.	Trešā diena ir trešdiena.
Der vierte Tag ist Donnerstag.	Ceturtā diena ir ceturtdiena.
Der fünfte Tag ist Freitag.	Piektā diena ir piektdiena.
Der sechste Tag ist Samstag.	Sestā diena ir sestdiena.
Der siebte Tag ist Sonntag.	Septītā diena ir svētdiena.
Die Woche hat sieben Tage.	Nedēļā ir septiņas dienas.
Wir arbeiten nur fünf Tage.	Mēs strādājam tikai piecas dienas.

10 [zehn]

Gestern – heute – morgen

10 [desmit]

Vakar – šodien – rīt

Gestern war Samstag.
Gestern war ich im Kino.
Der Film war interessant.

Vakar bija sestdiena.
Vakar es biju kino.
Filma bija interesanta.

Heute ist Sonntag.
Heute arbeite ich nicht.
Ich bleibe zu Hause.

Šodien ir svētdiena.
Šodien es nestrādāju.
Es palieku mājās.

Morgen ist Montag.
Morgen arbeite ich wieder.
Ich arbeite im Büro.

Rīt ir pirmdiena.
Rīt es atkal strādāšu.
Es strādāju birojā.

Wer ist das?
Das ist Peter.
Peter ist Student.

Kas tas ir?
Tas ir Pēteris.
Pēteris ir students.

Wer ist das?
Das ist Martha.
Martha ist Sekretärin.

Kas tā ir?
Tā ir Marta.
Marta ir sekretāre.

Peter und Martha sind Freunde.
Peter ist der Freund von Martha.
Martha ist die Freundin von Peter.

Pēteris un Marta ir draugi.
Pēteris ir Martas draugs.
Marta ir Pētera draudzene.

11 [elf]

Monate

11 [vienpadsmit]

Mēneši

der Januar
der Februar
der März

janvāris
februāris
marts

der April
der Mai
der Juni

aprīlis
maijs
jūnijs

Das sind sechs Monate.
Januar, Februar, März,
April, Mai und Juni.

Tie ir seši mēneši.
Janvāris, februāris, marts,
aprīlis, maijs, jūnijs.

der Juli
der August
der September

jūlijs
augusts
septembris

der Oktober
der November
der Dezember

oktobris
novembris
decembris

Das sind auch sechs Monate.
Juli, August, September,
Oktober, November und Dezember.

Tie arī ir seši mēneši.
Jūlijs, augusts, septembris,
oktobris, novembris, decembris.

12 [zwölf]

12 [divpadsmit]

Getränke

Dzērieni

Ich trinke Tee.
Ich trinke Kaffee.
Ich trinke Mineralwasser.

Es dzeru tēju.
Es dzeru kafiju.
Es dzeru minerālūdeni.

Trinkst du Tee mit Zitrone?
Trinkst du Kaffee mit Zucker?
Trinkst du Wasser mit Eis?

Vai tu dzer tēju ar citronu?
Vai tu dzer kafiju ar cukuru?
Vai tu dzer ūdeni ar ledu?

Hier ist eine Party.
Die Leute trinken Sekt.
Die Leute trinken Wein und Bier.

Te ir ballīte.
Ļaudis dzer dzirkstošo vīnu.
Ļaudis dzer vīnu un alu.

Trinkst du Alkohol?
Trinkst du Whisky?
Trinkst du Cola mit Rum?

Vai tu dzer alkoholiskus dzērienus?
Vai tu dzer viskiju?
Vai tu dzer kolu ar rumu?

Ich mag keinen Sekt.
Ich mag keinen Wein.
Ich mag kein Bier.

Man negaršo dzirkstošais vīns.
Man negaršo vīns.
Man negaršo alus.

Das Baby mag Milch.
Das Kind mag Kakao und Apfelsaft.
Die Frau mag Orangensaft und Grapefruitsaft.

Mazulim garšo piens.
Bērnam garšo kakao un ābolu sula.
Sievietei garšo apelsīnu sula un greipfrūtu sula.

13 [dreizehn] | 13 [trīspadsmit]

Tätigkeiten | Darbības

Was macht Martha? — Ko dara Marta?
Sie arbeitet im Büro. — Viņa strādā birojā.
Sie arbeitet am Computer. — Viņa strādā pie datora.

Wo ist Martha? — Kur ir Marta?
Im Kino. — Kino.
Sie schaut sich einen Film an. — Viņa skatās filmu.

Was macht Peter? — Ko dara Pēteris?
Er studiert an der Universität. — Viņš studē universitātē.
Er studiert Sprachen. — Viņš studē valodas.

Wo ist Peter? — Kur ir Pēteris?
Im Café. — Kafejnīcā.
Er trinkt Kaffee. — Viņš dzer kafiju.

Wohin gehen sie gern? — Kurp viņi labprāt iet?
Ins Konzert. — Uz koncertu.
Sie hören gern Musik. — Viņi labprāt klausās mūziku.

Wohin gehen sie nicht gern? — Kurp viņi iet nelabprāt?
In die Disco. — Uz diskotēku.
Sie tanzen nicht gern. — Viņi dejo nelabprāt.

14 [vierzehn]

14 [četrpadsmit]

Farben

Krāsas

Der Schnee ist weiß.
Die Sonne ist gelb.
Die Orange ist orange.

Sniegs ir balts.
Saule ir dzeltena.
Apelsīns ir oranžs.

Die Kirsche ist rot.
Der Himmel ist blau.
Das Gras ist grün.

Ķirsis ir sarkans.
Debesis ir zilas.
Zāle ir zaļa.

Die Erde ist braun.
Die Wolke ist grau.
Die Reifen sind schwarz.

Zeme ir brūna.
Mākonis ir pelēks.
Riepas ir melnas.

Welche Farbe hat der Schnee? Weiß.
Welche Farbe hat die Sonne? Gelb.
Welche Farbe hat die Orange? Orange.

Kādā krāsā ir sniegs? Baltā.
Kādā krāsā ir saule? Dzeltenā.
Kādā krāsā ir apelsīns? Oranžā.

Welche Farbe hat die Kirsche? Rot.
Welche Farbe hat der Himmel? Blau.
Welche Farbe hat das Gras? Grün.

Kādā krāsā ir ķirsis? Sarkanā.
Kādā krāsā ir debesis? Zilā.
Kādā krāsā ir zāle? Zaļā.

Welche Farbe hat die Erde? Braun.
Welche Farbe hat die Wolke? Grau.
Welche Farbe haben die Reifen? Schwarz.

Kādā krāsā ir zeme? Brūnā.
Kādā krāsā ir mākonis? Zilā.
Kādā krāsā ir riepas? Melnā.

15 [fünfzehn]

15 [piecpadsmit]

Früchte und Lebensmittel

Augļi un pārtikas produkti

Ich habe eine Erdbeere.
Ich habe eine Kiwi und eine Melone.
Ich habe eine Orange und eine Grapefruit.

Man ir zemene.
Man ir kivi un melone.
Man ir apelsīns un greifrūts.

Ich habe einen Apfel und eine Mango.
Ich habe eine Banane und eine Ananas.
Ich mache einen Obstsalat.

Man ir ābols un mango.
Man ir banāns un ananass.
Es gatavoju augļu salātus.

Ich esse einen Toast.
Ich esse einen Toast mit Butter.
Ich esse einen Toast mit Butter und Marmelade.

Es ēdu tostermaizi.
Es ēdu tostermaizi ar sviestu.
Es ēdu tostermaizi ar sviestu un marmelādi.

Ich esse ein Sandwich.
Ich esse ein Sandwich mit Margarine.
Ich esse ein Sandwich mit Margarine und Tomate.

Es ēdu sendviču.
Es ēdu sendviču ar margarīnu.
Es ēdu sendviču ar margarīnu un tomātu.

Wir brauchen Brot und Reis.
Wir brauchen Fisch und Steaks.
Wir brauchen Pizza und Spagetti.

Mums vajag maizi un rīsus.
Mums vajag zivis un steikus.
Mums vajag picu un spageti.

Was brauchen wir noch?
Wir brauchen Karotten und Tomaten für die Suppe.
Wo ist ein Supermarkt?

Ko mums vēl vajag?
Mums vajag burkānus un tomātus zupai.
Kur ir lielveikals?

16 [sechzehn]

16 [sešpadsmit]

Jahreszeiten und Wetter

Gadalaiki un laiks

Das sind die Jahreszeiten:
Der Frühling, der Sommer,
der Herbst und der Winter.

Tie ir gadalaiki:
pavasaris, vasara,
rudens un ziema.

Der Sommer ist heiß.
Im Sommer scheint die Sonne.
Im Sommer gehen wir gern spazieren.

Vasara ir karsta.
Vasarā spīd saule.
Vasarā mēs ejam pastaigāties.

Der Winter ist kalt.
Im Winter schneit oder regnet es.
Im Winter bleiben wir gern zu Hause.

Ziema ir auksta.
Ziemā snieg vai līst.
Ziemā mēs labprāt paliekam mājās.

Es ist kalt.
Es regnet.
Es ist windig.

Ir auksts.
Līst.
Ir vējains.

Es ist warm.
Es ist sonnig.
Es ist heiter.

Ir silts.
Ir saulains.
Ir skaidrs laiks.

Wie ist das Wetter heute?
Es ist kalt heute.
Es ist warm heute.

Kāds šodien ir laiks?
Šodien ir auksts.
Šodien ir silts.

17 [siebzehn]

Im Haus

17 [septiņpadsmit]

Mājās

Hier ist unser Haus. Oben ist das Dach. Unten ist der Keller.	Te ir mūsu māja. Augšā ir jumts. Lejā ir pagrabs.
Hinter dem Haus ist ein Garten. Vor dem Haus ist keine Straße. Neben dem Haus sind Bäume.	Aiz mājas ir dārzs. Mājas priekšā nav ielas. Blakus mājai ir koki.
Hier ist meine Wohnung. Hier ist die Küche und das Bad. Dort sind das Wohnzimmer und das Schlafzimmer.	Šeit ir mans dzīvoklis. Šeit ir virtuve un vannas istaba. Tur ir dzīvojamā istaba un guļamistaba.
Die Haustür ist geschlossen. Aber die Fenster sind offen. Es ist heiß heute.	Mājas durvis ir aizslēgtas. Bet logi ir vaļā. Šodien ir karsts.
Wir gehen in das Wohnzimmer. Dort sind ein Sofa und ein Sessel. Setzen Sie sich!	Mēs ejam dzīvojamā istabā. Tur ir dīvāns un atpūtas krēsls. Sēdieties!
Dort steht mein Computer. Dort steht meine Stereoanlage. Der Fernseher ist ganz neu.	Tur ir mans dators. Tur ir mana stereo iekārta. Televizors ir gluži jauns.

18 [achtzehn]

Hausputz

18 [astoņpadsmit]

Mājas uzkopšana

Heute ist Samstag.
Heute haben wir Zeit.
Heute putzen wir die Wohnung.

Šodien ir sestdiena.
Šodien mums ir laiks.
Šodien mēs uzkopjam dzīvokli.

Ich putze das Bad.
Mein Mann wäscht das Auto.
Die Kinder putzen die Fahrräder.

Es uzkopju vannas istabu.
Mans vīrs mazgā mašīnu.
Bērni tīra divriteņus.

Oma gießt die Blumen.
Die Kinder räumen das Kinderzimmer auf.
Mein Mann räumt seinen Schreibtisch auf.

Vecmāmiņa aplej puķes.
Bērni uzkopj bērnu istabu.
Mans vīrs sakārto savu rakstāmgaldu.

Ich stecke die Wäsche in die Waschmaschine.
Ich hänge die Wäsche auf.
Ich bügele die Wäsche.

Es salieku veļu veļas mašīnā.
Es izkaru veļu.
Es gludinu veļu.

Die Fenster sind schmutzig.
Der Fußboden ist schmutzig.
Das Geschirr ist schmutzig.

Logi ir netīri.
Grīda ir netīra.
Trauki ir netīri.

Wer putzt die Fenster?
Wer saugt Staub?
Wer spült das Geschirr?

Kas nospodrinās logus?
Kas izsūks putekļus?
Kas nomazgās traukus?

19 [neunzehn]

In der Küche

19 [deviņpadsmit]

Virtuvē

Hast du eine neue Küche?	Vai tev ir jauna virtuve?
Was willst du heute kochen?	Ko tu šodien vēlies gatavot?
Kochst du elektrisch oder mit Gas?	Vai tu gatavo uz elektriskās vai uz gāzes plīts?
Soll ich die Zwiebeln schneiden?	Vai man sagriezt sīpolus?
Soll ich die Kartoffeln schälen?	Vai man nomizot kartupeļus?
Soll ich den Salat waschen?	Vai man nomazgāt salātus?
Wo sind die Gläser?	Kur ir glāzes?
Wo ist das Geschirr?	Kur ir trauki?
Wo ist das Besteck?	Kur ir galda piederumi?
Hast du einen Dosenöffner?	Vai tev ir konservu kārbu attaisāmais?
Hast du einen Flaschenöffner?	Vai tev ir pudeļu attaisāmais?
Hast du einen Korkenzieher?	Vai tev ir korķu viļķis?
Kochst du die Suppe in diesem Topf?	Vai tu vārīsi zupu šajā katlā?
Brätst du den Fisch in dieser Pfanne?	Vai tu cepsi zivi šajā pannā?
Grillst du das Gemüse auf diesem Grill?	Vai tu grillēsi dārzeņus uz šī grilla?
Ich decke den Tisch.	Es klāju galdu.
Hier sind die Messer, Gabeln und Löffel.	Te ir naži, dakšiņas un karotes.
Hier sind die Gläser, die Teller und die Servietten.	Te ir glāzes, šķīvji un salvetes.

20 [zwanzig]

Small Talk 1

20 [divdesmit]

Neliela saruna 1

Machen Sie es sich bequem!
Fühlen Sie sich wie zu Hause!
Was möchten Sie trinken?

Lūdzu, iekārtojieties ērti!
Jūtieties kā mājās!
Ko Jūs vēlētos dzert?

Lieben Sie Musik?
Ich mag klassische Musik.
Hier sind meine CDs.

Vai Jūs mīlat mūziku?
Man patīk klasiskā mūzika.
Te ir mani kompaktdiski.

Spielen Sie ein Instrument?
Hier ist meine Gitarre.
Singen Sie gern?

Vai Jūs spēlējat kādu mūzikas instrumentu?
Te ir mana ģitāra.
Vai Jūs labprāt dziedat?

Haben Sie Kinder?
Haben Sie einen Hund?
Haben Sie eine Katze?

Vai Jums ir bērni?
Vai Jums ir suns?
Vai Jums ir kaķis?

Hier sind meine Bücher.
Ich lese gerade dieses Buch.
Was lesen Sie gern?

Te ir manas grāmatas.
Es tieši pašlaik lasu šo grāmatu.
Ko Jūs labprāt lasāt?

Gehen Sie gern ins Konzert?
Gehen Sie gern ins Theater?
Gehen Sie gern in die Oper?

Vai Jūs labprāt ejat uz koncertu?
Vai Jūs labprāt ejat uz teātri?
Vai Jūs labprāt ejat uz operu?

21
[einundzwanzig]

Small Talk 2

21 [divdesmit viens]

Neliela saruna 2

Woher kommen Sie?
Aus Basel.
Basel liegt in der Schweiz.

No kurienes Jūs esat?
No Bāzeles.
Bāzele atrodas Šveicē.

Darf ich Ihnen Herrn Müller vorstellen?
Er ist Ausländer.
Er spricht mehrere Sprachen.

Vai es varu Jūs iepazīstināt ar Millera kungu?
Viņš ir ārzemnieks.
Viņš runā vairākās valodās.

Sind Sie zum ersten Mal hier?
Nein, ich war schon letztes Jahr hier.
Aber nur eine Woche lang.

Vai Jūs šeit esat pirmo reizi?
Nē, es te biju jau pagājušajā gadā.
Bet tikai uz vienu nedēļu.

Wie gefällt es Ihnen bei uns?
Sehr gut. Die Leute sind nett.
Und die Landschaft gefällt mir auch.

Kā Jums pie mums patīk?
Ļoti labi. Ļaudis ir jauki.
Un arī apkārtne man patīk.

Was sind Sie von Beruf?
Ich bin Übersetzer.
Ich übersetze Bücher.

Kāda ir Jūsu profesija?
Es esmu tulkotāja.
Es tulkoju grāmatas.

Sind Sie allein hier?
Nein, meine Frau / mein Mann ist auch hier.
Und dort sind meine beiden Kinder.

Vai Jūs šeit esat viena?
Nē, mans vīrs arī ir šeit.
Un tur ir mani abi bērni.

22
[zweiundzwanzig]

Small Talk 3

22 [divdesmit divi]

Neliela saruna 3

Rauchen Sie?
Früher ja.
Aber jetzt rauche ich nicht mehr.

Vai Jūs smēķējat?
Agrāk jā.
Bet tagad es vairs nesmēķēju.

Stört es Sie, wenn ich rauche?
Nein, absolut nicht.
Das stört mich nicht.

Vai tas Jūs traucēs, ja es smēķēšu?
Nē, pilnīgi nemaz.
Tas mani netraucē.

Trinken Sie etwas?
Einen Cognac?
Nein, lieber ein Bier.

Vai Jūs kaut ko dzersiet?
Konjaku?
Nē, labāk alu.

Reisen Sie viel?
Ja, meistens sind das Geschäftsreisen.
Aber jetzt machen wir hier Urlaub.

Vai Jūs daudz ceļojat?
Jā, galvenokārt tie ir dienesta braucieni.
Bet tagad mēs te esam atvaļinājumā.

Was für eine Hitze!
Ja, heute ist es wirklich heiß.
Gehen wir auf den Balkon.

Kas par karstumu!
Jā, šodien ir patiešām karsts.
Iziesim uz balkona.

Morgen gibt es hier eine Party.
Kommen Sie auch?
Ja, wir sind auch eingeladen.

Rīt te būs ballīte.
Vai Jūs arī nāksiet?
Jā, mēs arī esam ielūgti.

23
[dreiundzwanzig]

Fremdsprachen lernen

23 [divdesmit trīs]

Mācīties svešvalodas

Wo haben Sie Spanisch gelernt?
Können Sie auch Portugiesisch?
Ja, und ich kann auch etwas Italienisch.

Kur Jūs mācījāties spāņu valodu?
Vai Jūs protat arī portugāļu valodu?
Jā, es protu arī nedaudz itāliešu valodu.

Ich finde, Sie sprechen sehr gut.
Die Sprachen sind ziemlich ähnlich.
Ich kann sie gut verstehen.

Es uzskatu, Jūs runājat ļoti labi.
Valodas ir samērā līdzīgas.
Es varu Jūs labi saprast.

Aber sprechen und schreiben ist schwer.
Ich mache noch viele Fehler.
Bitte korrigieren Sie mich immer.

Bet runāt un rakstīt ir grūti.
Es pieļauju vēl daudz kļūdu.
Lūdzu, labojiet mani vienmēr!

Ihre Aussprache ist ganz gut.
Sie haben einen kleinen Akzent.
Man erkennt, woher Sie kommen.

Jūsu izruna ir gluži laba.
Jums ir neliels akcents.
Var pateikt, no kurienes Jūs esat.

Was ist Ihre Muttersprache?
Machen Sie einen Sprachkurs?
Welches Lehrwerk benutzen Sie?

Kas ir Jūsu dzimtā valoda?
Vai Jūs apmeklējat valodu kursus?
Kādu mācību līdzekli Jūs izmantojat?

Ich weiß im Moment nicht, wie das heißt.
Mir fällt der Titel nicht ein.
Ich habe das vergessen.

Es acumirklī nezinu, kā to sauc.
Es nevaru atcerēties nosaukumu.
Es to esmu aizmirsis.

24 [vierundzwanzig]

Verabredung

24 [divdesmit četri]

Vienošanās

Hast du den Bus verpasst?
Ich habe eine halbe Stunde auf dich gewartet.
Hast du kein Handy bei dir?

Vai tu nokavēji autobusu?
Es tevi gaidīju pusstundu.
Vai tev nav līdzi mobilā telefona?

Sei das nächste Mal pünktlich!
Nimm das nächste Mal ein Taxi!
Nimm das nächste Mal einen Regenschirm mit!

Nākamreiz esi precīzāka!
Nākamreiz paņem taksometru!
Nākamreiz paņem līdzi lietussargu!

Morgen habe ich frei.
Wollen wir uns morgen treffen?
Tut mir Leid, morgen geht es bei mir nicht.

Rīt man ir brīvs.
Vai mēs rīt satiksimies?
Man ļoti žēl, rīt es nevaru.

Hast du dieses Wochenende schon etwas vor?
Oder bist du schon verabredet?
Ich schlage vor, wir treffen uns am Wochenende.

Vai tev šīs nedēļas nogalē jau ir kaut kas saplānots?
Tu jau ar kādu esi sarunājusi?
Es iesaku, satiksimies nedēļas nogalē.

Wollen wir Picknick machen?
Wollen wir an den Strand fahren?
Wollen wir in die Berge fahren?

Dosimies piknikā?
Brauksim uz jūrmalu?
Brauksim uz kalniem?

Ich hole dich vom Büro ab.
Ich hole dich von zu Hause ab.
Ich hole dich an der Bushaltestelle ab.

Es tev aizbraukšu pakaļ uz biroju.
Es tev aizbraukšu pakaļ uz mājām.
Es tevi sagaidīšu autobusu pieturā.

25
[fünfundzwanzig]

In der Stadt

25 [divdesmit pieci]

Pilsētā

Ich möchte zum Bahnhof. Ich möchte zum Flughafen. Ich möchte ins Stadtzentrum.	Es vēlos uz staciju. Es vēlos uz lidostu. Es vēlos uz pilsētas centru.
Wie komme ich zum Bahnhof? Wie komme ich zum Flughafen? Wie komme ich ins Stadtzentrum?	Kā es varu nokļūt uz staciju? Kā es varu nokļūt uz lidostu? Kā es varu nokļūt uz pilsētas centru?
Ich brauche ein Taxi. Ich brauche einen Stadtplan. Ich brauche ein Hotel.	Man ir nepieciešams taksometrs. Man ir nepieciešams pilsētas plāns. Man ir nepieciešama viesnīca.
Ich möchte ein Auto mieten. Hier ist meine Kreditkarte. Hier ist mein Führerschein.	Es vēlos īrēt automašīnu. Te ir mana kredītkarte. Te ir mana autovadītāja apliecība.
Was gibt es in der Stadt zu sehen? Gehen Sie in die Altstadt. Machen Sie eine Stadtrundfahrt.	Ko var pilsētā apskatīt? Aizejiet uz vecpilsētu! Dodieties ekskursijā pa pilsētu!
Gehen Sie zum Hafen. Machen Sie eine Hafenrundfahrt. Welche Sehenswürdigkeiten gibt es außerdem noch?	Aizejiet uz ostu! Dodieties ekskursijā pa ostu! Kādas ievērības cienīgas vietas te vēl ir?

26
[sechsundzwanzig]

In der Natur

26 [divdesmit seši]

Dabā

Siehst du dort den Turm?
Siehst du dort den Berg?
Siehst du dort das Dorf?

Vai tu tur redzi torni?
Vai tu tur redzi kalnu?
Vai tu tur redzi ciematu?

Siehst du dort den Fluss?
Siehst du dort die Brücke?
Siehst du dort den See?

Vai tu tur redzi upi?
Vai tu tur redzi tiltu?
Vai tu tur redzi ezeru?

Der Vogel da gefällt mir.
Der Baum da gefällt mir.
Der Stein hier gefällt mir.

Tas putns man patīk.
Tas koks man patīk.
Tas akmens man patīk.

Der Park da gefällt mir.
Der Garten da gefällt mir.
Die Blume hier gefällt mir.

Tas parks man patīk.
Tas dārzs man patīk.
Šī puķe man patīk.

Ich finde das hübsch.
Ich finde das interessant.
Ich finde das wunderschön.

Man tas šķiet jauks.
Man tas šķiet interesants.
Man tas šķiet brīnumskaists.

Ich finde das hässlich.
Ich finde das langweilig.
Ich finde das furchtbar.

Man tas šķiet neglīts.
Man tas šķiet garlaicīgs.
Man tas šķiet šausmīgs.

27
[siebenundzwanzig
]

Im Hotel –
Ankunft

27 [divdesmit
septiņi]

Viesnīcā –
ierašanās

Haben Sie ein Zimmer frei?	Vai Jums ir brīva istaba?
Ich habe ein Zimmer reserviert.	Es esmu rezervējusi istabu.
Mein Name ist Müller.	Mani sauc Millere.
Ich brauche ein Einzelzimmer.	Man ir nepieciešama vienvietīga istaba.
Ich brauche ein Doppelzimmer.	Man ir nepieciešama divvietīga istaba.
Wie viel kostet das Zimmer pro Nacht?	Cik maksā istaba par vienu nakti?
Ich möchte ein Zimmer mit Bad.	Es vēlos istabu ar vannu.
Ich möchte ein Zimmer mit Dusche.	Es vēlos istabu ar dušu.
Kann ich das Zimmer sehen?	Vai es varu apskatīt istabu?
Gibt es hier eine Garage?	Vai te ir garāža?
Gibt es hier einen Safe?	Vai te ir seifs?
Gibt es hier ein Fax?	Vai te ir fakss?
Gut, ich nehme das Zimmer.	Labi, es ņemšu šo istabu.
Hier sind die Schlüssel.	Te ir atslēgas.
Hier ist mein Gepäck.	Te ir mana bagāža.
Um wie viel Uhr gibt es Frühstück?	Cikos ir brokastis?
Um wie viel Uhr gibt es Mittagessen?	Cikos ir pusdienas?
Um wie viel Uhr gibt es Abendessen?	Cikos ir vakariņas?

28 [achtundzwanzig]

Im Hotel – Beschwerden

28 [divdesmit astoņi]

Viesnīcā – sūdzības

Die Dusche funktioniert nicht.	Duša nedarbojas.
Es kommt kein warmes Wasser.	Nav siltā ūdens.
Können Sie das reparieren lassen?	Vai to nevarētu salabot?
Es gibt kein Telefon im Zimmer.	Istabā nav telefona.
Es gibt keinen Fernseher im Zimmer.	Istabā nav televizora.
Das Zimmer hat keinen Balkon.	Istabai nav balkona.
Das Zimmer ist zu laut.	Istaba ir par skaļu.
Das Zimmer ist zu klein.	Istaba ir par mazu.
Das Zimmer ist zu dunkel.	Istaba ir par tumšu.
Die Heizung funktioniert nicht.	Apkure nedarbojas.
Die Klimaanlage funktioniert nicht.	Gaisa kondicionieris nedarbojas.
Der Fernseher ist kaputt.	Televizors nedarbojas.
Das gefällt mir nicht.	Tas man nepatīk.
Das ist mir zu teuer.	Tas man ir par dārgu.
Haben Sie etwas Billigeres?	Vai Jums nav kas lētāks?
Gibt es hier in der Nähe eine Jugendherberge?	Vai te tuvumā ir kāda jauniešu viesnīca?
Gibt es hier in der Nähe eine Pension?	Vai te tuvumā ir kāda pansija?
Gibt es hier in der Nähe ein Restaurant?	Vai te tuvumā ir kāds restorāns?

29 [neunundzwanzig]

29 [divdesmit deviņi]

Im Restaurant 1

Restorānā 1

Ist der Tisch frei?
Ich möchte bitte die Speisekarte.
Was können Sie empfehlen?

Vai šis galdiņš ir brīvs?
Es gribētu ēdienu karti, lūdzu.
Ko Jūs varētu ieteikt?

Ich hätte gern ein Bier.
Ich hätte gern ein Mineralwasser.
Ich hätte gern einen Orangensaft.

Es labprāt vēlētos alu.
Es labprāt vēlētos minerālūdeni.
Es labprāt vēlētos apelsīnu sulu.

Ich hätte gern einen Kaffee.
Ich hätte gern einen Kaffee mit Milch.
Mit Zucker, bitte.

Es labprāt vēlētos kafiju.
Es labprāt vēlētos kafiju ar pienu.
Ar cukuru, lūdzu.

Ich möchte einen Tee.
Ich möchte einen Tee mit Zitrone.
Ich möchte einen Tee mit Milch.

Es vēlos tēju.
Es vēlos tēju ar citronu.
Es vēlos tēju ar pienu.

Haben Sie Zigaretten?
Haben Sie einen Aschenbecher?
Haben Sie Feuer?

Vai Jums ir cigaretes?
Vai Jums ir pelnu trauks?
Vai Jums ir šķiltavas?

Mir fehlt eine Gabel.
Mir fehlt ein Messer.
Mir fehlt ein Löffel.

Man nav dakšiņas.
Man nav naža.
Man nav karotes.

30 [dreißig]

Im Restaurant 2

30 [trīsdesmit]

Restorānā 2

Einen Apfelsaft, bitte.
Eine Limonade, bitte.
Einen Tomatensaft, bitte.

Apelsīnu sulu, lūdzu.
Limonādi, lūdzu.
Tomātu sulu, lūdzu.

Ich hätte gern ein Glas Rotwein.
Ich hätte gern ein Glas Weißwein.
Ich hätte gern eine Flasche Sekt.

Es labprāt vēlētos glāzi sarkanvīna.
Es labprāt vēlētos glāzi baltvīna.
Es labprāt vēlētos pudeli dzirkstošā vīna.

Magst du Fisch?
Magst du Rindfleisch?
Magst du Schweinefleisch?

Vai tev garšo zivis?
Vai tev garšo liellopu gaļa?
Vai tev garšo cūkgaļa?

Ich möchte etwas ohne Fleisch.
Ich möchte eine Gemüseplatte.
Ich möchte etwas, was nicht lange dauert.

Es vēlos kaut ko bez gaļas.
Es vēlos dārzeņu plati.
Es vēlos kaut ko, uz ko nebūtu ilgi jāgaida.

Möchten Sie das mit Reis?
Möchten Sie das mit Nudeln?
Möchten Sie das mit Kartoffeln?

Vai Jūs to vēlaties ar rīsiem?
Vai Jūs to vēlaties ar nūdelēm?
Vai Jūs to vēlaties ar kartupeļiem?

Das schmeckt mir nicht.
Das Essen ist kalt.
Das habe ich nicht bestellt.

Tas man negaršo.
Ēdiens ir auksts.
To es nepasūtīju.

31 [einunddreißig]

31 [trīsdesmit viens]

Im Restaurant 3

Restorānā 3

Ich möchte eine Vorspeise.	Es vēlos kādu uzkodu.
Ich möchte einen Salat.	Es vēlos salātus.
Ich möchte eine Suppe.	Es vēlos zupu.
Ich möchte einen Nachtisch.	Es vēlos desertu.
Ich möchte ein Eis mit Sahne.	Es vēlos saldējumu ar putukrējumu.
Ich möchte Obst oder Käse.	Es vēlos augļus vai sieru.
Wir möchten frühstücken.	Mēs vēlamies pabrokastot.
Wir möchten zu Mittag essen.	Mēs vēlamies paēst pusdienas.
Wir möchten zu Abend essen.	Mēs vēlamies paēst vakariņas.
Was möchten Sie zum Frühstück?	Ko Jūs vēlaties brokastīs?
Brötchen mit Marmelade und Honig?	Maizītes ar marmelādi un medu?
Toast mit Wurst und Käse?	Tostermaizi ar desu un sieru?
Ein gekochtes Ei?	Vārītu olu?
Ein Spiegelei?	Vēršaci?
Ein Omelett?	Omleti?
Bitte noch einen Joghurt.	Lūdzu, vēl vienu jogurtu!
Bitte noch Salz und Pfeffer.	Lūdzu, sāli un piparus!
Bitte noch ein Glas Wasser.	Lūdzu, vēl vienu glāzi ūdens!

32
[zweiunddreißig]

Im Restaurant 4

32 [trīsdesmit divi]

Restorānā 4

Einmal Pommes frites mit Ketchup.
Und zweimal mit Mayonnaise.
Und dreimal Bratwurst mit Senf.

Frī kartupeļus ar kečupu, lūdzu.
Un divas porcijas ar majonēzi.
Un trīs porcijas ceptu desu ar sinepēm.

Was für Gemüse haben Sie?
Haben Sie Bohnen?
Haben Sie Blumenkohl?

Kādi dārzeņi Jums ir?
Vai Jums ir pupiņas?
Vai Jums ir ziedkāposti?

Ich esse gern Mais.
Ich esse gern Gurken.
Ich esse gern Tomaten.

Es labprāt ēdu kukurūzu.
Es labprāt ēdu gurķus.
Es labprāt ēdu tomātus.

Essen Sie auch gern Lauch?
Essen Sie auch gern Sauerkraut?
Essen Sie auch gern Linsen?

Vai Jūs labprāt ēdat puravus?
Vai Jūs labprāt ēdat skābētus kāpostus?
Vai Jūs labprāt ēdat lēcas?

Isst du auch gern Karotten?
Isst du auch gern Brokkoli?
Isst du auch gern Paprika?

Vai tu arī labprāt ēd burkānus?
Vai tu arī labprāt ēd brokoļus?
Vai tu arī labprāt ēd papriku?

Ich mag keine Zwiebeln.
Ich mag keine Oliven.
Ich mag keine Pilze.

Man negaršo sīpoli.
Man negaršo olīves.
Man negaršo sēnes.

33 [dreiunddreißig]

33 [trīsdesmit trīs]

Im Bahnhof

Stacijā

Wann fährt der nächste Zug nach Berlin?	Kad ir nākamais vilciens uz Berlīni?
Wann fährt der nächste Zug nach Paris?	Kad ir nākamais vilciens uz Parīzi?
Wann fährt der nächste Zug nach London?	Kad ir nākamais vilciens uz Londonu?
Um wie viel Uhr fährt der Zug nach Warschau?	Cikos ir nākamais vilciens uz Varšavu?
Um wie viel Uhr fährt der Zug nach Stockholm?	Cikos ir nākamais vilciens uz Stokholmu?
Um wie viel Uhr fährt der Zug nach Budapest?	Cikos ir nākamais vilciens uz Budapeštu?
Ich möchte eine Fahrkarte nach Madrid.	Es vēlos biļeti uz Madridi.
Ich möchte eine Fahrkarte nach Prag.	Es vēlos biļeti uz Prāgu.
Ich möchte eine Fahrkarte nach Bern.	Es vēlos biļeti uz Berni.
Wann kommt der Zug in Wien an?	Cikos vilciens pienāk Vīnē?
Wann kommt der Zug in Moskau an?	Cikos vilciens pienāk Maskavā?
Wann kommt der Zug in Amsterdam an?	Cikos vilciens pienāk Amsterdamā?
Muss ich umsteigen?	Vai man ir jāpārsēžas?
Von welchem Gleis fährt der Zug ab?	No kura ceļa atiet vilciens?
Gibt es Schlafwagen im Zug?	Vai vilcienā ir guļamvagons?
Ich möchte nur die Hinfahrt nach Brüssel.	Es vēlos biļeti uz Briseli tikai turp.
Ich möchte eine Rückfahrkarte nach Kopenhagen.	Es vēlos biļeti atpakaļbraucienam no Kopenhāgenas.
Was kostet ein Platz im Schlafwagen?	Cik maksā vieta guļamvagonā?

34 [vierunddreißig]

Im Zug

34 [trīsdesmit četri]

Vilcienā

Ist das der Zug nach Berlin?
Wann fährt der Zug ab?
Wann kommt der Zug in Berlin an?

Vai šis ir vilciens uz Berlīni?
Cikos atiet vilciens?
Cikos vilciens pienāk Berlīnē?

Verzeihung, darf ich vorbei?
Ich glaube, das ist mein Platz.
Ich glaube, Sie sitzen auf meinem Platz.

Atvainojiet, vai es varētu paiet garām?
Es domāju, tā ir mana vieta.
Es domāju, Jūs sēžat manā vietā.

Wo ist der Schlafwagen?
Der Schlafwagen ist am Ende des Zuges.
Und wo ist der Speisewagen? – Am Anfang.

Kur ir guļamvagons?
Guļamvagons ir vilciena sastāva beigās.
Un kur ir restorānvagons? – Vilciena sastāva sākumā.

Kann ich unten schlafen?
Kann ich in der Mitte schlafen?
Kann ich oben schlafen?

Vai es varu gulēt lejā?
Vai es varu gulēt vidū?
Vai es varu gulēt augšā?

Wann sind wir an der Grenze?
Wie lange dauert die Fahrt nach Berlin?
Hat der Zug Verspätung?

Kad mēs būsim pie robežas?
Cik ilgs ir brauciens līdz Berlīnei?
Vai vilciens kavējas?

Haben Sie etwas zu lesen?
Kann man hier etwas zu essen und zu trinken bekommen?
Würden Sie mich bitte um 7.00 Uhr wecken?

Vai Jums ir kaut kas ko palasīt?
Vai te var dabūt kaut ko ēdamu un dzeramu?
Vai Jūs varētu mani pamodināt 7.00?

35
[fünfunddreißig]

Am Flughafen

35 [trīsdesmit pieci]

Lidostā

Ich möchte einen Flug nach Athen buchen.
Ist das ein Direktflug?
Bitte einen Fensterplatz, Nichtraucher.

Es vēlos rezervēt lidojumu uz Atēnām.
Vai tas ir tiešais reiss?
Lūdzu, vietu pie loga, nesmēķētājam.

Ich möchte meine Reservierung bestätigen.
Ich möchte meine Reservierung stornieren.
Ich möchte meine Reservierung umbuchen.

Es vēlos apstiprināt rezervāciju.
Es vēlos atteikt rezervāciju.
Es vēlos pārrezervēt.

Wann geht die nächste Maschine nach Rom?
Sind noch zwei Plätze frei?
Nein, wir haben nur noch einen Platz frei.

Kad ir nākamais reiss uz Romu?
Vai ir vēl divas brīvas vietas?
Nē, vēl ir tikai viena brīva vieta.

Wann landen wir?
Wann sind wir da?
Wann fährt ein Bus ins Stadtzentrum?

Kad mēs nolaižamies?
Kad mēs būsim klāt?
Cikos ir autobuss uz pilsētas centru?

Ist das Ihr Koffer?
Ist das Ihre Tasche?
Ist das Ihr Gepäck?

Vai tas ir Jūsu koferis?
Vai tā ir Jūsu soma?
Vai tā ir Jūsu bagāža?

Wie viel Gepäck kann ich mitnehmen?
Zwanzig Kilo.
Was, nur zwanzig Kilo?

Cik lielu bagāžu es drīkstu ņemt līdzi?
Divdesmit kilogramus.
Ko, tikai divdesmit kilogramus?

36
[sechsunddreißig]

Öffentlicher Nahverkehr

36 [trīsdesmit seši]

Vietējais sabiedriskais transports

Wo ist die Bushaltestelle?	Kur ir autobusa pietura?
Welcher Bus fährt ins Zentrum?	Kurš autobuss brauc uz centru?
Welche Linie muss ich nehmen?	Ar kuru tramvaju / trolejbusu / autobusu man jābrauc?
Muss ich umsteigen?	Vai man ir jāpārsēžas?
Wo muss ich umsteigen?	Kur man ir jāpārsēžas?
Was kostet ein Fahrschein?	Cik maksā braukšanas biļete?
Wie viele Haltestellen sind es bis zum Zentrum?	Cik pieturu ir līdz centram?
Sie müssen hier aussteigen.	Jums šeit jāizkāpj.
Sie müssen hinten aussteigen.	Jums jāizkāpj pa aizmugurējām durvīm.
Die nächste U-Bahn kommt in 5 Minuten.	Nākamais metro vilciens nāks pēc 5 minūtēm.
Die nächste Straßenbahn kommt in 10 Minuten.	Nākamais tramvajs nāks pēc 10 minūtēm.
Der nächste Bus kommt in 15 Minuten.	Nākamais autobuss nāks pēc 15 minūtēm.
Wann fährt die letzte U-Bahn?	Cikos ir pēdējais metro vilciens?
Wann fährt die letzte Straßenbahn?	Cikos ir pēdējais tramvajs?
Wann fährt der letzte Bus?	Cikos ir pēdējais autobuss?
Haben Sie einen Fahrschein?	Vai Jums ir braukšanas biļete?
Einen Fahrschein? – Nein, ich habe keinen.	Biļete? – Nē, man nav.
Dann müssen Sie eine Strafe zahlen.	Tad Jums jāmaksā soda nauda.

37 [siebenunddreißig]

Unterwegs

37 [trīsdesmit septiņi]

Ceļā

Er fährt mit dem Motorrad. Er fährt mit dem Fahrrad. Er geht zu Fuß.	Viņš brauc ar motociklu. Viņš brauc ar divriteni. Viņš iet kājām.
Er fährt mit dem Schiff. Er fährt mit dem Boot. Er schwimmt.	Viņš brauc ar kuģi. Viņš brauc ar laivu. Viņš peld.
Ist es hier gefährlich? Ist es gefährlich, allein zu trampen? Ist es gefährlich, nachts spazieren zu gehen?	Vai šeit ir bīstami? Vai ir bīstami vienam pašam braukt ar autostopu? Vai tas ir bīstami, naktī iet pastaigāties?
Wir haben uns verfahren. Wir sind auf dem falschen Weg. Wir müssen umkehren.	Mēs esam apmaldījušies. Mēs esam uz nepareizā ceļa. Mums jāgriežas atpakaļ.
Wo kann man hier parken? Gibt es hier einen Parkplatz? Wie lange kann man hier parken?	Kur šeit var novietot automašīnu? Vai šeit ir automašīnu stāvlaukums? Uz cik ilgu laiku šeit var novietot automašīnu?
Fahren Sie Ski? Fahren Sie mit dem Skilift nach oben? Kann man hier Ski leihen?	Vai Jūs slēpojat? Vai Jūs brauksiet augšā ar slēpotāju pacēlāju? Vai te var nomāt slēpes?

38 [achtunddreißig]

Im Taxi

38 [trīsdesmit astoņi]

Taksometrā

Rufen Sie bitte ein Taxi.
Was kostet es bis zum Bahnhof?
Was kostet es bis zum Flughafen?

Izsauciet, lūdzu, taksometru.
Cik maksā brauciens līdz stacijai?
Cik maksā brauciens līdz lidostai?

Bitte geradeaus.
Bitte hier nach rechts.
Bitte dort an der Ecke nach links.

Lūdzu, taisni.
Šeit, lūdzu, pa labi.
Lūdzu, tur krustojumā pa kreisi.

Ich habe es eilig.
Ich habe Zeit.
Fahren Sie bitte langsamer.

Es steidzos.
Man vēl ir laiks.
Brauciet, lūdzu, lēnāk!

Halten Sie hier bitte.
Warten Sie bitte einen Moment.
Ich bin gleich zurück.

Pieturiet te, lūdzu!
Pagaidiet, lūdzu, kādu brīdi!
Es tūlīt atgriezīšos.

Bitte geben Sie mir eine Quittung.
Ich habe kein Kleingeld.
Es stimmt so, der Rest ist für Sie.

Lūdzu, iedodiet man kvīti!
Man nav sīknaudas.
Tā būs labi, atlikums Jums.

Fahren Sie mich zu dieser Adresse.
Fahren Sie mich zu meinem Hotel.
Fahren Sie mich zum Strand.

Aizvediet mani, lūdzu, uz šo adresi!
Aizvediet mani, lūdzu, uz viesnīcu!
Aizvediet mani, lūdzu, uz jūrmalu!

39
[neununddreißig]

Autopanne

39 [trīsdesmit deviņi]

Auto avārija

Wo ist die nächste Tankstelle?	Kur ir tuvākā benzīna uzpildes stacija?
Ich habe einen Platten.	Manai mašīnai ir caura riepa.
Können Sie das Rad wechseln?	Vai Jūs varat apmainīt riteni?
Ich brauche ein paar Liter Diesel.	Man ir nepieciešami pāris litri dīzeļdegvielas.
Ich habe kein Benzin mehr.	Man vairs nav benzīna.
Haben Sie einen Reservekanister?	Vai Jums ir rezerves kanna degvielai?
Wo kann ich telefonieren?	Kur es te varētu piezvanīt?
Ich brauche einen Abschleppdienst.	Man ir nepieciešams avārijas dienests bojātās automašīnas pārvietošanai.
Ich suche eine Werkstatt.	Es meklēju remontdarbnīcu.
Es ist ein Unfall passiert.	Ir noticis satiksmes negadījums.
Wo ist das nächste Telefon?	Kur ir tuvākais telefons?
Haben Sie ein Handy bei sich?	Vai Jums ir līdzi mobilais telefons?
Wir brauchen Hilfe.	Mums ir nepieciešama palīdzība.
Rufen Sie einen Arzt!	Izsauciet ārstu!
Rufen Sie die Polizei!	Izsauciet policiju!
Ihre Papiere, bitte.	Jūsu dokumentus, lūdzu!
Ihren Führerschein, bitte.	Jūsu autovadītāja apliecību, lūdzu!
Ihren Kfz-Schein, bitte.	Jūsu kravas mašīnas vadītāja apliecību, lūdzu!

40 [vierzig]

Nach dem Weg fragen

40 [četrdesmit]

Jautāt ceļu

Entschuldigen Sie!	Atvainojiet, lūdzu!
Können Sie mir helfen?	Vai Jūs varat man palīdzēt?
Wo gibt es hier ein gutes Restaurant?	Kur šeit ir labs restorāns?
Gehen Sie links um die Ecke.	Krustojumā ejiet pa kreisi.
Gehen Sie dann ein Stück geradeaus.	Tad ejiet nelielu gabalu taisni.
Gehen Sie dann hundert Meter nach rechts.	Tad ejiet simts metrus pa labi.
Sie können auch den Bus nehmen.	Jūs varat braukt arī ar autobusu.
Sie können auch die Straßenbahn nehmen.	Jūs varat braukt arī ar tramvaju.
Sie können auch einfach hinter mir herfahren.	Jūs varat vienkārši braukt aiz manis.
Wie komme ich zum Fußballstadion?	Kā es varu nokļūt līdz futbola stadionam?
Überqueren Sie die Brücke!	Brauciet pāri tiltam!
Fahren Sie durch den Tunnel!	Brauciet cauri tunelim!
Fahren Sie bis zur dritten Ampel.	Brauciet līdz trešajam luksoforam.
Biegen Sie dann die erste Straße rechts ab.	Tad nogriezieties pirmajā ielā pa labi.
Fahren Sie dann geradeaus über die nächste Kreuzung.	Tad brauciet taisni pāri nākošajam krustojumam.
Entschuldigung, wie komme ich zum Flughafen?	Atvainojiet, kā es varu nokļūt lidostā?
Am besten nehmen Sie die U-Bahn.	Vislabāk brauciet ar metro.
Fahren Sie einfach bis zur Endstation.	Brauciet līdz gala stacijai!

41 [einundvierzig]

Orientierung

41 [četrdesmit viens]

Orientēšanās

Wo ist das Fremdenverkehrsamt?
Haben Sie einen Stadtplan für mich?
Kann man hier ein Hotelzimmer reservieren?

Kur ir tūrisma aģentūra?
Vai Jums ir pilsētas plāns?
Vai šeit var rezervēt istabu viesnīcā?

Wo ist die Altstadt?
Wo ist der Dom?
Wo ist das Museum?

Kur ir vecpilsēta?
Kur ir doms?
Kur ir muzejs?

Wo gibt es Briefmarken zu kaufen?
Wo gibt es Blumen zu kaufen?
Wo gibt es Fahrkarten zu kaufen?

Kur var nopirkt pastmarkas?
Kur var nopirkt puķes?
Kur var nopirkt braukšanas biļetes?

Wo ist der Hafen?
Wo ist der Markt?
Wo ist das Schloss?

Kur ir osta?
Kur ir tirgus?
Kur ir pils?

Wann beginnt die Führung?
Wann endet die Führung?
Wie lange dauert die Führung?

Kad sākas ekskursija?
Kad beidzas ekskursija?
Cik gara būs ekskursija?

Ich möchte einen Führer, der Deutsch spricht.
Ich möchte einen Führer, der Italienisch spricht.
Ich möchte einen Führer, der Französisch spricht.

Es vēlos gidu, kas runā vācu valodā.
Es vēlos gidu, kas runā itāļu valodā.
Es vēlos gidu, kas runā franču valodā.

42
[zweiundvierzig]

Stadtbesichtigun
g

42 [četrdesmit
divi]

Pilsētas apskate

Ist der Markt sonntags geöffnet?	Vai tirgus svētdienās ir atvērts?
Ist die Messe montags geöffnet?	Vai gadatirgus pirmdienās ir atvērts?
Ist die Ausstellung dienstags geöffnet?	Vai izstāde otrdienās ir atvērta?
Hat der Zoo mittwochs geöffnet?	Vai zooloģiskais dārzs trešdienās ir atvērts?
Hat das Museum donnerstags geöffnet?	Vai muzejs ceturtdienās ir atvērts?
Hat die Galerie freitags geöffnet?	Vai galerija piektdienās ir atvērta?
Darf man fotografieren?	Vai drīkst fotografēt?
Muss man Eintritt bezahlen?	Vai ir jāpērk ieejas biļete?
Wie viel kostet der Eintritt?	Cik maksā ieejas biļete?
Gibt es eine Ermäßigung für Gruppen?	Vai grupām ir atlaide?
Gibt es eine Ermäßigung für Kinder?	Vai bērniem ir atlaide?
Gibt es eine Ermäßigung für Studenten?	Vai studentiem ir atlaide?
Was für ein Gebäude ist das?	Kas tā ir par ēku?
Wie alt ist das Gebäude?	Cik veca ir ēka?
Wer hat das Gebäude gebaut?	Kas ir cēlis šo ēku?
Ich interessiere mich für Architektur.	Es interesējos par arhitektūru.
Ich interessiere mich für Kunst.	Es interesējos par mākslu.
Ich interessiere mich für Malerei.	Es interesējos par glezniecību.

43 [dreiundvierzig]

43 [četrdesmit trīs]

Im Zoo

Zooloģiskajā dārzā

Dort ist der Zoo.
Dort sind die Giraffen.
Wo sind die Bären?

Tur ir zooloģiskais dārzs.
Tur ir žirafes.
Kur ir lāči?

Wo sind die Elefanten?
Wo sind die Schlangen?
Wo sind die Löwen?

Kur ir ziloņi?
Kur ir čūskas?
Kur ir lauvas?

Ich habe einen Fotoapparat.
Ich habe auch eine Filmkamera.
Wo ist eine Batterie?

Man ir fotoaparāts.
Man ir arī filmēšanas kamera.
Kur ir baterija?

Wo sind die Pinguine?
Wo sind die Kängurus?
Wo sind die Nashörner?

Kur ir pingvīni?
Kur ir ķenguri?
Kur ir degunradži?

Wo ist eine Toilette?
Dort ist ein Café.
Dort ist ein Restaurant.

Kur ir tualete?
Tur ir kafejnīca.
Tur ir restorāns.

Wo sind die Kamele?
Wo sind die Gorillas und die Zebras?
Wo sind die Tiger und die Krokodile?

Kur ir kamieļi?
Kur ir gorillas un zebras?
Kur ir tīģeri un krokodili?

44 [vierundvierzig]

Abends ausgehen

44 [četrdesmit četri]

Iziešana vakarā

Gibt es hier eine Diskothek?
Gibt es hier einen Nachtclub?
Gibt es hier eine Kneipe?

Vai te ir kāda diskotēka?
Vai te ir kāds naktsklubs?
Vai te ir kāds krodziņš?

Was gibt es heute Abend im Theater?
Was gibt es heute Abend im Kino?
Was gibt es heute Abend im Fernsehen?

Ko šovakar izrāda teātrī?
Ko šovakar rāda kino?
Ko šovakar rāda pa televīziju?

Gibt es noch Karten fürs Theater?
Gibt es noch Karten fürs Kino?
Gibt es noch Karten für das Fußballspiel?

Vai ir vēl biļetes uz teātri?
Vai ir vēl biļetes uz kino?
Vai ir vēl biļetes uz futbola spēli?

Ich möchte ganz hinten sitzen.
Ich möchte irgendwo in der Mitte sitzen.
Ich möchte ganz vorn sitzen.

Es vēlos sēdēt pašā aizmugurē.
Es vēlos sēdēt kaut kur pa vidu.
Es vēlos sēdēt pašā priekšā.

Können Sie mir etwas empfehlen?
Wann beginnt die Vorstellung?
Können Sie mir eine Karte besorgen?

Vai Jūs varat man kaut ko ieteikt?
Kad sākas izrāde?
Vai Jūs varat dabūt man biļeti?

Ist hier in der Nähe ein Golfplatz?
Ist hier in der Nähe ein Tennisplatz?
Ist hier in der Nähe ein Hallenbad?

Vai te tuvumā ir golfa laukums?
Vai te tuvumā ir tenisa laukums?
Vai te tuvumā ir slēgtais peldbaseins?

45 [fünfundvierzig]

45 [četrdesmit pieci]

Im Kino

Kinoteātrī

Wir wollen ins Kino.
Heute läuft ein guter Film.
Der Film ist ganz neu.

Mēs gribam aiziet uz kino.
Šodien rāda labu filmu.
Filma ir pavisam jauna.

Wo ist die Kasse?
Gibt es noch freie Plätze?
Was kosten die Eintrittskarten?

Kur ir kase?
Vai ir vēl brīvas vietas?
Cik maksā ieejas biļetes?

Wann beginnt die Vorstellung?
Wie lange dauert der Film?
Kann man Karten reservieren?

Cikos sākas izrāde?
Cik gara ir filma?
Vai var rezervēt biļetes?

Ich möchte hinten sitzen.
Ich möchte vorn sitzen.
Ich möchte in der Mitte sitzen.

Es vēlos sēdēt aizmugurē.
Es vēlos sēdēt priekšā.
Es vēlos sēdēt vidū.

Der Film war spannend.
Der Film war nicht langweilig.
Aber das Buch zum Film war besser.

Filma bija aizraujoša.
Filma nebija garlaicīga.
Bet grāmata, pēc kuras ir uzņemta filma, bija labāka.

Wie war die Musik?
Wie waren die Schauspieler?
Gab es Untertitel in englischer Sprache?

Kāda bija mūzika?
Kādi bija aktieri?
Vai bija titri angļu valodā?

46
[sechsundvierzig]

In der Diskothek

46 [četrdesmit
seši]

Diskotēkā

Ist der Platz hier frei?	Vai šī vieta ir brīva?
Darf ich mich zu Ihnen setzen?	Vai es drīkstu apsēsties Jums blakus?
Gern.	Labprāt.
Wie finden Sie die Musik?	Kā Jums patīk mūzika?
Ein bisschen zu laut.	Nedaudz par skaļu.
Aber die Band spielt ganz gut.	Bet grupa spēlē gluži labi.
Sind Sie öfter hier?	Vai Jūs te esat bieži?
Nein, das ist das erste Mal.	Nē, šī ir pirmā reize.
Ich war noch nie hier.	Es te nekad vēl neesmu bijusi.
Tanzen Sie?	Vai Jūs dejojat?
Später vielleicht.	Varbūt vēlāk.
Ich kann nicht so gut tanzen.	Es neprotu tik labi dejot.
Das ist ganz einfach.	Tas ir pavisam vienkārši.
Ich zeige es Ihnen.	Es Jums parādīšu.
Nein, lieber ein anderes Mal.	Nē, labāk kādu citu reizi.
Warten Sie auf jemand?	Vai Jūs kādu gaidāt?
Ja, auf meinen Freund.	Jā, savu draugu.
Da hinten kommt er ja!	Tur jau viņš nāk!

47 [siebenundvierzig]

Reisevorbereitungen

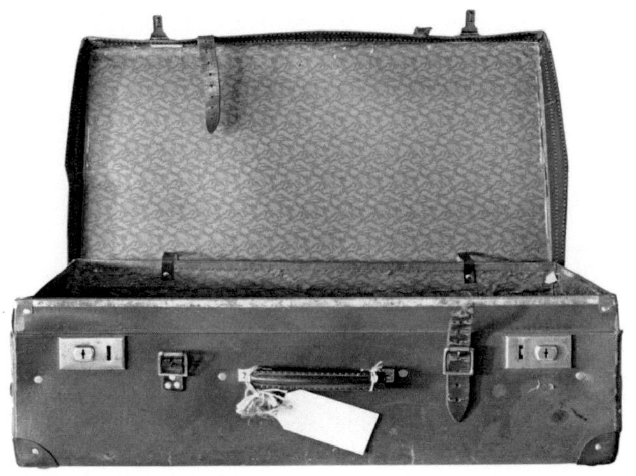

47 [četrdesmit septiņi]

Gatavošanās ceļojumam

Du musst unseren Koffer packen!
Du darfst nichts vergessen!
Du brauchst einen großen Koffer!

Tev jāsakravā mūsu koferis!
Tu neko nedrīksti aizmirst!
Tev ir vajadzīgs liels koferis!

Vergiss nicht den Reisepass!
Vergiss nicht das Flugticket!
Vergiss nicht die Reiseschecks!

Neaizmirsti pasi!
Neaizmirsti lidmašīnas biļeti!
Neaizmirsti ceļojuma čekus!

Nimm Sonnencreme mit.
Nimm die Sonnenbrille mit.
Nimm den Sonnenhut mit.

Paņem līdzi pretiedeguma krēmu!
Paņem līdzi saulesbrilles!
Paņem līdzi vasaras platmali!

Willst du eine Straßenkarte mitnehmen?
Willst du einen Reiseführer mitnehmen?
Willst du einen Regenschirm mitnehmen?

Vai tu gribi paņemt līdzi ielu karti?
Vai tu gribi paņemt līdzi ceļvedi?
Vai tu gribi paņemt līdzi lietussargu?

Denk an die Hosen, die Hemden, die Socken.
Denk an die Krawatten, die Gürtel, die Sakkos.
Denk an die Schlafanzüge, die Nachthemden und die T-Shirts.

Padomā par biksēm, krekliem, zeķēm!
Padomā par kaklasaitēm, jostām, žaketēm!
Padomā par pidžamām, naktskrekliem un t-krekliem!

Du brauchst Schuhe, Sandalen und Stiefel.
Du brauchst Taschentücher, Seife und eine Nagelschere.
Du brauchst einen Kamm, eine Zahnbürste und Zahnpasta.

Tev ir nepieciešamas kurpes, sandales un zābaki.
Tev ir nepieciešami kabatas lakatiņi, ziepes un nagu šķērītes.
Tev ir nepieciešama ķemme, zobu suka un zobu pasta.

48 [achtundvierzig]

Urlaubsaktivitäten

48 [četrdesmit astoņi]

Aktivitātes atvaļinājuma laikā

Ist der Strand sauber?	Vai pludmale ir tīra?
Kann man dort baden?	Vai tur var peldēties?
Ist es nicht gefährlich, dort zu baden?	Vai nav bīstami tur peldēties?
Kann man hier einen Sonnenschirm leihen?	Vai te var iznomāt saulessargu?
Kann man hier einen Liegestuhl leihen?	Vai te var iznomāt guļamkrēslu?
Kann man hier ein Boot leihen?	Vai te var iznomāt laivu?
Ich würde gern surfen.	Es labprāt pasērfotu.
Ich würde gern tauchen.	Es labprāt nirtu.
Ich würde gern Wasserski fahren.	Es labprāt pabrauktu ar ūdensslēpēm.
Kann man ein Surfbrett mieten?	Vai var iznomāt sērfdēli?
Kann man eine Taucherausrüstung mieten?	Vai var iznomāt niršanas piederumus?
Kann man Wasserskier mieten?	Vai var iznomāt ūdensslēpes?
Ich bin erst Anfänger.	Es esmu iesācēja.
Ich bin mittelgut.	Manas prasmes ir viduvējas.
Ich kenne mich damit schon aus.	Es to jau protu.
Wo ist der Skilift?	Kur ir slēpotāju pacēlājs?
Hast du denn Skier dabei?	Vai tev ir līdzi slēpes?
Hast du denn Skischuhe dabei?	Vai tad tev ir līdzi slēpošanas zābaki?

49
[neunundvierzig]

Sport

49 [četrdesmit deviņi]

Sports

Treibst du Sport?
Ja, ich muss mich bewegen.
Ich gehe in einen Sportverein.

Vai tu nodarbojies ar sportu?
Jā, man ir nepieciešams izkustēties.
Es apmeklēju sporta biedrību.

Wir spielen Fußball.
Manchmal schwimmen wir.
Oder wir fahren Rad.

Mēs spēlējam futbolu.
Dažreiz mēs peldam.
Vai arī mēs braucam ar divriteni.

In unserer Stadt gibt es ein Fußballstadion.
Es gibt auch ein Schwimmbad mit Sauna.
Und es gibt einen Golfplatz.

Mūsu pilsētā ir futbola stadions.
Ir arī peldbaseins ar saunu.
Un ir arī golfa laukums.

Was gibt es im Fernsehen?
Gerade gibt es ein Fußballspiel.
Die deutsche Mannschaft spielt gegen die englische.

Ko rāda televīzijā?
Pašlaik rāda futbola spēli.
Vācijas komanda spēlē pret Lielbritānijas komandu.

Wer gewinnt?
Ich habe keine Ahnung.
Im Moment steht es unentschieden.

Kas uzvar?
Man nav ne jausmas.
Pašlaik ir neizšķirts.

Der Schiedsrichter kommt aus Belgien.
Jetzt gibt es einen Elfmeter.
Tor! Eins zu null!

Tiesnesis ir no Beļģijas.
Tagad būs vienpadsmit metru sitiens.
Vārti! Viens pret nulli!

50 [fünfzig]

Im Schwimmbad

50 [piecdesmit]

Peldbaseinā

Heute ist es heiß.
Gehen wir ins Schwimmbad?
Hast du Lust, schwimmen zu gehen?

Šodien ir karsts.
Vai mēs iesim uz peldbaseinu?
Vai tev ir vēlēšanās iet peldēt?

Hast du ein Handtuch?
Hast du eine Badehose?
Hast du einen Badeanzug?

Vai tev ir dvielis?
Vai tev ir peldbikses?
Vai tev ir peldkostīms?

Kannst du schwimmen?
Kannst du tauchen?
Kannst du ins Wasser springen?

Vai tu proti peldēt?
Vai tu proti nirt?
Vai tu proti lēkt ūdenī?

Wo ist die Dusche?
Wo ist die Umkleidekabine?
Wo ist die Schwimmbrille?

Kur ir duša?
Kur ir pārģērbšanās kabīne?
Kur ir peldbrilles?

Ist das Wasser tief?
Ist das Wasser sauber?
Ist das Wasser warm?

Vai ūdens ir dziļš?
Vai ūdens ir tīrs?
Vai ūdens ir silts?

Ich friere.
Das Wasser ist zu kalt.
Ich gehe jetzt aus dem Wasser.

Man salst.
Ūdens ir pārāk auksts.
Es tagad eju ārā no ūdens.

51 [einundfünfzig]

51 [piecdesmit viens]

Besorgungen machen

Izteikt vēlēšanos / vajadzību

Ich will in die Bibliothek.
Ich will in die Buchhandlung.
Ich will zum Kiosk.

Es gribu aiziet uz bibliotēku.
Es gribu aiziet uz grāmatnīcu.
Es gribu aiziet uz kiosku.

Ich will ein Buch leihen.
Ich will ein Buch kaufen.
Ich will eine Zeitung kaufen.

Es gribu aizņemties gramatu.
Es gribu nopirkt grāmatu.
Es gribu nopirkt avīzi.

Ich will in die Bibliothek, um ein Buch zu leihen.
Ich will in die Buchhandlung, um ein Buch zu kaufen.
Ich will zum Kiosk, um eine Zeitung zu kaufen.

Es gribu aiziet uz bibliotēku, lai paņemtu grāmatu.
Es gribu aiziet uz grāmatnīcu, lai nopirktu grāmatu.
Es gribu aiziet uz kiosku, lai nopirktu avīzi.

Ich will zum Optiker.
Ich will zum Supermarkt.
Ich will zum Bäcker.

Es gribu aiziet uz optikas veikalu.
Es gribu aiziet uz lielveikalu.
Es gribu aiziet uz maiznīcu.

Ich will eine Brille kaufen.
Ich will Obst und Gemüse kaufen.
Ich will Brötchen und Brot kaufen.

Es gribu nopirkt brilles.
Es gribu nopirkt augļus un dārzeņus.
Es gribu nopirkt maizītes un maizi.

Ich will zum Optiker, um eine Brille zu kaufen.
Ich will zum Supermarkt, um Obst und Gemüse zu kaufen.
Ich will zum Bäcker, um Brötchen und Brot zu kaufen.

Es gribu aiziet uz optikas veikalu, lai nopirktu brilles.
Es gribu aiziet uz lielveikalu, lai nopirktu augļus un dārzeņus.
Es gribu aiziet uz maiznīcu, lai nopirktu maizītes un maizi.

52
[zweiundfünfzig]

Im Kaufhaus

52 [piecdesmit divi]

Veikalā

Gehen wir in ein Kaufhaus?
Ich muss Einkäufe machen.
Ich will viel einkaufen.

Vai aiziesim uz tirdzniecības namu?
Man jāiepērkas.
Es gribu veikt lielus pirkumus.

Wo sind die Büroartikel?
Ich brauche Briefumschläge und Briefpapier.
Ich brauche Kulis und Filzstifte.

Kur ir kancelejas preces?
Man vajag aploksnes un vēstuļu papīru.
Man vajag pildspalvas un flomasterus.

Wo sind die Möbel?
Ich brauche einen Schrank und eine Kommode.
Ich brauche einen Schreibtisch und ein Regal.

Kur ir mēbeles?
Man vajag skapi un kumodi.
Man vajag rakstāmgaldu un plauktu.

Wo sind die Spielsachen?
Ich brauche eine Puppe und einen Teddybär.
Ich brauche einen Fußball und ein Schachspiel.

Kur ir rotaļlietas?
Man vajag lelli un rotaļu lācīti.
Man vajag futbolbumbu un šahu.

Wo ist das Werkzeug?
Ich brauche einen Hammer und eine Zange.
Ich brauche einen Bohrer und einen Schraubenzieher.

Kur ir darba rīki?
Man vajag āmuru un stangas.
Man vajag urbi un skrūvgriezi.

Wo ist der Schmuck?
Ich brauche eine Kette und ein Armband.
Ich brauche einen Ring und Ohrringe.

Kur ir rotaslietas?
Man vajag ķēdīti un rokassprādzi.
Man vajag gredzenu un auskarus.

53 [dreiundfünfzig]

53 [piecdesmit trīs]

Geschäfte

Veikali

Wir suchen ein Sportgeschäft. Wir suchen eine Fleischerei. Wir suchen eine Apotheke.	Mēs meklējam sporta preču veikalu. Mēs meklējam gaļas veikalu. Mēs meklējam aptieku.
Wir möchten nämlich einen Fußball kaufen. Wir möchten nämlich Salami kaufen. Wir möchten nämlich Medikamente kaufen.	Mēs vēlamies nopirkt futbolbumbu. Mēs vēlamies nopirkt salami. Mēs vēlamies nopirkt medikamentus.
Wir suchen ein Sportgeschäft, um einen Fußball zu kaufen. Wir suchen eine Fleischerei, um Salami zu kaufen. Wir suchen eine Apotheke, um Medikamente zu kaufen.	Mēs meklējam sporta preču veikalu, lai nopirktu futbolbumbu. Mēs meklējam gaļas veikalu, lai nopirktu salami. Mēs meklējam aptieku, lai nopirktu medikamentus.
Ich suche einen Juwelier. Ich suche ein Fotogeschäft. Ich suche eine Konditorei.	Es meklēju juvelieri. Es meklēju fotopreču veikalu. Es meklēju konditoreju.
Ich habe nämlich vor, einen Ring zu kaufen. Ich habe nämlich vor, einen Film zu kaufen. Ich habe nämlich vor, eine Torte zu kaufen.	Man ir padomā nopirkt gredzenu. Man ir padomā nopirkt filmiņu. Man ir padomā nopirkt torti.
Ich suche einen Juwelier, um einen Ring zu kaufen. Ich suche ein Fotogeschäft, um einen Film zu kaufen. Ich suche eine Konditorei, um eine Torte zu kaufen.	Es meklēju juvelierizstrādājumu veikalu, lai nopirktu gredzenu. Es meklēju fotopreču veikalu, lai nopirktu filmiņu. Es meklēju konditoreju, lai nopirktu torti.

54 [vierundfünfzig]

Einkaufen

54 [piecdesmit četri]

Iepirkšanās

Ich möchte ein Geschenk kaufen.
Aber nichts allzu Teueres.
Vielleicht eine Handtasche?

Es vēlos nopirkt dāvanu.
Bet neko pārāk dārgu.
Varbūt rokassomiņu?

Welche Farbe möchten Sie?
Schwarz, braun oder weiß?
Eine große oder eine kleine?

Kādā krāsā?
Melnu, brūnu vai baltu?
Lielu vai mazu?

Darf ich diese mal sehen?
Ist die aus Leder?
Oder ist die aus Kunststoff?

Vai es varētu apskatīt šo?
Vai tā ir no ādas?
Vai tā ir no mākslīgās ādas?

Aus Leder natürlich.
Das ist eine besonders gute Qualität.
Und die Handtasche ist wirklich sehr preiswert.

No ādas, protams.
Tā ir īpaši laba kvalitāte.
Un rokassomiņa ir tiešām lēta.

Die gefällt mir.
Die nehme ich.
Kann ich die eventuell umtauschen?

Tā man patīk.
To es ņemšu.
Vai es to varēšu arī apmainīt?

Selbstverständlich.
Wir packen sie als Geschenk ein.
Dort drüben ist die Kasse.

Pats par sevi saprotams.
Mēs to iesaiņosim kā dāvanu.
Tur pāri tajā pusē ir kase.

55
[fünfundfünfzig]

55 [piecdesmit pieci]

Arbeiten

Strādāšana

Was machen Sie beruflich?
Mein Mann ist Arzt von Beruf.
Ich arbeite halbtags als Krankenschwester.

Kas Jūs esat pēc profesijas?
Mans vīrs pēc profesijas ir ārsts.
Es strādāju uz pusslodzi par medmāsu.

Bald bekommen wir Rente.
Aber die Steuern sind hoch.
Und die Krankenversicherung ist hoch.

Drīz mums būs pensija.
Bet nodokļi ir lieli.
Un medicīniskā apdrošināšana ir dārga.

Was willst du einmal werden?
Ich möchte Ingenieur werden.
Ich will an der Universität studieren.

Par ko tu gribi kļūt?
Es vēlos kļūt inženieris.
Es gribu studēt universitātē.

Ich bin Praktikant.
Ich verdiene nicht viel.
Ich mache ein Praktikum im Ausland.

Es esmu praktikants.
Es nopelnu ne īpaši daudz.
Es esmu praksē ārzemēs.

Das ist mein Chef.
Ich habe nette Kollegen.
Mittags gehen wir immer in die Kantine.

Tas ir mans priekšnieks.
Man ir jauki kolēģi.
Pusdienās mēs vienmēr ejam uz uzņēmuma ēdnīcu.

Ich suche eine Stelle.
Ich bin schon ein Jahr arbeitslos.
In diesem Land gibt es zu viele Arbeitslose.

Es meklēju darbavietu.
Es jau gadu esmu bez darba.
Šajā valstī ir pārāk daudz bezdarbnieku.

56 [sechsundfünfzig]

Gefühle

56 [piecdesmit seši]

Jūtas

Lust haben	vēlēties
Wir haben Lust.	Mēs vēlamies.
Wir haben keine Lust.	Mēs nevēlamies.
Angst haben	baidīties
Ich habe Angst.	Es baidos.
Ich habe keine Angst.	Es nebaidos.
Zeit haben	būt laikam
Er hat Zeit.	Viņam ir laiks.
Er hat keine Zeit.	Viņam nav laika.
Langeweile haben	būt garlaicīgi
Sie hat Langeweile.	Viņai ir garlaicīgi.
Sie hat keine Langeweile.	Viņai nav garlaicīgi.
Hunger haben	būt izsalkušam
Habt ihr Hunger?	Vai Jūs esat izsalkuši?
Habt ihr keinen Hunger?	Vai Jūs neesat izsalkuši?
Durst haben	būt izslāpušam
Sie haben Durst.	Viņi ir izslāpuši.
Sie haben keinen Durst.	Viņi nav izslāpuši.

57
[siebenundfünfzig]

Beim Arzt

57 [piecdesmit sepiņi]

Pie ārsta

Ich habe einen Termin beim Arzt.
Ich habe den Termin um zehn Uhr.
Wie ist Ihr Name?

Man ir pieraksts pie ārsta.
Man ir pieraksts uz desmitiem.
Kā Jūs sauc?

Bitte nehmen Sie im Wartezimmer Platz.
Der Arzt kommt gleich.
Wo sind Sie versichert?

Lūdzu, gaidiet uzgaidāmajā telpā!
Ārsts tūlīt nāks.
Kur Jūs esat apdrošināta?

Was kann ich für Sie tun?
Haben Sie Schmerzen?
Wo tut es weh?

Ko es varu darīt Jūsu labā?
Vai Jums ir sāpes?
Kur sāp?

Ich habe immer Rückenschmerzen.
Ich habe oft Kopfschmerzen.
Ich habe manchmal Bauchschmerzen.

Man vienmēr sāp mugura.
Man bieži sāp galva.
Man dažreiz sāp vēders.

Machen Sie bitte den Oberkörper frei!
Legen Sie sich bitte auf die Liege!
Der Blutdruck ist in Ordnung.

Lūdzu, atģērbieties līdz viduklim!
Lūdzu, atgulieties uz dīvāna!
Asinsspiediens ir kārtībā.

Ich gebe Ihnen eine Spritze.
Ich gebe Ihnen Tabletten.
Ich gebe Ihnen ein Rezept für die Apotheke.

Es jums iešpricēšu.
Es Jums iedošu tabletes.
Es Jums izrakstīšu recepti.

58 [achtundfünfzig]

Körperteile

58 [piecdesmit astoņi]

Ķermeņa daļas

Ich zeichne einen Mann.
Zuerst den Kopf.
Der Mann trägt einen Hut.

Es zīmēju vīrieti.
Vispirms galvu.
Vīrietim ir platmale.

Die Haare sieht man nicht.
Die Ohren sieht man auch nicht.
Den Rücken sieht man auch nicht.

Matus neredz.
Ausis arī neredz.
Muguru arī neredz.

Ich zeichne die Augen und den Mund.
Der Mann tanzt und lacht.
Der Mann hat eine lange Nase.

Es zīmēju acis un muti.
Vīrietis dejo un smejas.
Vīrietim ir garš deguns.

Er trägt einen Stock in den Händen.
Er trägt auch einen Schal um den Hals.
Es ist Winter und es ist kalt.

Rokās viņš tur spieķi.
Ap kaklu viņam ir šalle.
Ir ziema un ir auksts.

Die Arme sind kräftig.
Die Beine sind auch kräftig.
Der Mann ist aus Schnee.

Rokas ir spēcīgas.
Kājas arī ir spēcīgas.
Vīrs ir no sniega.

Er trägt keine Hose und keinen Mantel.
Aber der Mann friert nicht.
Er ist ein Schneemann.

Viņam nav bikšu un mēteļa.
Bet vīram nesalst.
Tas ir sniegavīrs.

59
[neunundfünfzig]

Im Postamt

59 [piecdesmit deviņi]

Pastā

Wo ist das nächste Postamt?
Ist es weit bis zum nächsten Postamt?
Wo ist der nächste Briefkasten?

Kur ir tuvākā pasta nodaļa?
Vai līdz tuvākajai pasta nodaļai ir tālu?
Kur ir tuvākā pastkastīte?

Ich brauche ein paar Briefmarken.
Für eine Karte und einen Brief.
Wie teuer ist das Porto nach Amerika?

Man vajag pāris pastmarku.
Pastkartei un vēstulei.
Cik maksā pasta sūtījums uz Ameriku?

Wie schwer ist das Paket?
Kann ich es per Luftpost schicken?
Wie lange dauert es, bis es ankommt?

Cik smaga ir paka?
Vai es varu to nosūtīt ar aviopastu?
Pēc cik ilga laika tā pienāks?

Wo kann ich telefonieren?
Wo ist die nächste Telefonzelle?
Haben Sie Telefonkarten?

Kur es varu piezvanīt?
Kur ir tuvākā telefona kabīne?
Vai Jums ir telekartes?

Haben Sie ein Telefonbuch?
Kennen Sie die Vorwahl von Österreich?
Einen Augenblick, ich schau mal nach.

Vai Jums ir telefona grāmata?
Vai Jūs zināt Austrijas kodu?
Acumirkli, es paskatīšos.

Die Leitung ist immer besetzt.
Welche Nummer haben Sie gewählt?
Sie müssen zuerst die Null wählen!

Līnija ir aizņemta.
Kādu numuru jūs izvēlējāties?
Jums vispirms jāizvēlas nulle.

60 [sechzig]

In der Bank

60 [sešdesmit]

Bankā

Ich möchte ein Konto eröffnen.
Hier ist mein Pass.
Und hier ist meine Adresse.

Es vēlos atvērt kontu.
Te ir mana pase.
Un te ir mana adrese.

Ich möchte Geld auf mein Konto einzahlen.
Ich möchte Geld von meinem Konto abheben.
Ich möchte die Kontoauszüge abholen.

Es vēlos iemaksāt naudu savā kontā.
Es vēlos izņemt naudu no sava konta.
Es vēlos saņemt konta izrakstus.

Ich möchte einen Reisescheck einlösen.
Wie hoch sind die Gebühren?
Wo muss ich unterschreiben?

Es vēlos izpirkt ceļojuma čeku.
Cik liela ir maksa par pakalpojumu?
Kur man jāparakstās?

Ich erwarte eine Überweisung aus Deutschland.
Hier ist meine Kontonummer.
Ist das Geld angekommen?

Es gaidu pārvedumu no Vācijas.
Te ir mans konta numurs.
Vai nauda ir pienākusi?

Ich möchte dieses Geld wechseln.
Ich brauche US-Dollar.
Bitte geben Sie mir kleine Scheine.

Es vēlos samainīt šo naudu.
Man vajag ASV dolārus.
Lūdzu, iedodiet man naudu sīkākās naudaszīmēs!

Gibt es hier einen Geldautomat?
Wie viel Geld kann man abheben?
Welche Kreditkarten kann man benutzen?

Vai te ir bankomāts?
Cik daudz naudas var izņemt?
Kādas kredītkartes der?

61 [einundsechzig]

61 [sešdesmit viens]

Ordinalzahlen

Kārtas skaitļa vārdi

Der erste Monat ist der Januar.
Der zweite Monat ist der Februar.
Der dritte Monat ist der März.

Pirmais mēnesis ir janvāris.
Otrais mēnesis ir februāris.
Trešais mēnesis ir marts.

Der vierte Monat ist der April.
Der fünfte Monat ist der Mai.
Der sechste Monat ist der Juni.

Ceturtais mēnesis ir aprīlis.
Piektais mēnesis ir maijs.
Sestais mēnesis ir jūnijs.

Sechs Monate sind ein halbes Jahr.
Januar, Februar, März,
April, Mai und Juni.

Seši mēneši ir pusgads.
Janvāris, februāris, marts,
aprīlis, maijs un jūnijs.

Der siebte Monat ist der Juli.
Der achte Monat ist der August.
Der neunte Monat ist der September.

Septītais mēnesis ir jūlijs.
Astotais mēnesis ir augusts.
Devītais mēnesis ir septembris.

Der zehnte Monat ist der Oktober.
Der elfte Monat ist der November.
Der zwölfte Monat ist der Dezember.

Desmitais mēnesis ir oktobris.
Vienpadsmitais mēnesis ir novembris.
Divpadsmitais mēnesis ir decembris.

Zwölf Monate sind ein Jahr.
Juli, August, September,
Oktober, November und Dezember.

Divpadsmit mēneši ir viens gads.
Jūlijs, augusts, septembris,
oktobris, novembris un decembris.

62
[zweiundsechzig]

Fragen stellen 1

62 [sešdesmit divi]

Uzdot
jautājumus 1

lernen
Lernen die Schüler viel?
Nein, sie lernen wenig.

mācīties
Vai skolēni mācās daudz?
Nē, viņi mācās maz.

fragen
Fragen Sie oft den Lehrer?
Nein, ich frage ihn nicht oft.

jautāt
Vai Jūs bieži jautājat skolotājam?
Nē, es viņam nejautāju bieži.

antworten
Antworten Sie, bitte.
Ich antworte.

atbildēt
Atbildiet, lūdzu!
Es atbildu.

arbeiten
Arbeitet er gerade?
Ja, er arbeitet gerade.

strādāt
Vai viņš pašlaik strādā?
Jā, viņš pašlaik strādā.

kommen
Kommen Sie?
Ja, wir kommen gleich.

nākt
Vai Jūs nāksiet?
Jā, mēs tūlīt nāksim.

wohnen
Wohnen Sie in Berlin?
Ja, ich wohne in Berlin.

dzīvot
Vai Jūs dzīvojat Berlīnē?
Jā, es dzīvoju Berlīnē.

63 [dreiundsechzig]

Fragen stellen 2

63 [sešdesmit trīs]

Uzdot jautājumus 2

Ich habe ein Hobby.
Ich spiele Tennis.
Wo ist ein Tennisplatz?

Man ir hobijs.
Es spēlēju tenisu.
Kur ir tenisa laukums?

Hast du ein Hobby?
Ich spiele Fußball.
Wo ist ein Fußballplatz?

Vai tev ir hobijs?
Es spēlēju futbolu.
Kur ir kāds futbola laukums?

Mein Arm tut weh.
Mein Fuß und meine Hand tun auch weh.
Wo ist ein Doktor?

Man sāp roka.
Man sāp arī kāja un roka.
Kur ir ārsts?

Ich habe ein Auto.
Ich habe auch ein Motorrad.
Wo ist ein Parkplatz?

Man ir mašīna.
Man ir arī motocikls.
Kur ir autostāvvieta?

Ich habe einen Pullover.
Ich habe auch eine Jacke und eine Jeans.
Wo ist die Waschmaschine?

Man ir džemperis.
Man ir arī jaka un džinsi.
Kur ir veļas mazgājamā mašīna?

Ich habe einen Teller.
Ich habe ein Messer, eine Gabel und einen Löffel.
Wo sind Salz und Pfeffer?

Man ir šķīvis.
Man ir nazis, dakšiņa un karote.
Kur ir sāls un pipari?

64
[vierundsechzig]

Verneinung 1

64 [sešdesmit četri]

Noliegums 1

Ich verstehe das Wort nicht.
Ich verstehe den Satz nicht.
Ich verstehe die Bedeutung nicht.

Es nesaprotu šo vārdu.
Es nesaprotu šo teikumu.
Es nesaprotu nozīmi.

der Lehrer
Verstehen Sie den Lehrer?
Ja, ich verstehe ihn gut.

skolotājs
Vai Jūs saprotat skolotāju?
Jā, es viņu saprotu labi.

die Lehrerin
Verstehen Sie die Lehrerin?
Ja, ich verstehe sie gut.

skolotāja
Vai Jūs saprotat skolotāju?
Jā, es viņu saprotu labi.

die Leute
Verstehen Sie die Leute?
Nein, ich verstehe sie nicht so gut.

ļaudis
Vai Jūs saprotat šos ļaudis?
Nē, es viņus tik labi nesaprotu.

die Freundin
Haben Sie eine Freundin?
Ja, ich habe eine.

draudzene
Vai Jums ir draudzene?
Jā, ir.

die Tochter
Haben Sie eine Tochter?
Nein, ich habe keine.

meita
Vai Jums ir meita?
Nē, nav.

65
[fünfundsechzig]

Verneinung 2

65 [sešdesmit
pieci]

Noliegums 2

yes
no
maybe

Ist der Ring teuer?
Nein, er kostet nur hundert Euro.
Aber ich habe nur fünfzig.

Vai gredzens ir dārgs?
Nē, tas maksā tikai simts eiro.
Bet man ir tikai piecdesmit.

Bist du schon fertig?
Nein, noch nicht.
Aber gleich bin ich fertig.

Vai tu jau esi gatava?
Nē, vēl nē.
Bet es tūlīt būšu gatava.

Möchtest du noch Suppe?
Nein, ich will keine mehr.
Aber noch ein Eis.

Vai tu vēl vēlies zupu?
Nē, vairāk negribu.
Bet vēl saldējumu.

Wohnst du schon lange hier?
Nein, erst einen Monat.
Aber ich kenne schon viele Leute.

Vai tu jau sen te dzīvo?
Nē, tikai mēnesi.
Bet es pazīstu jau daudzus cilvēkus.

Fährst du morgen nach Hause?
Nein, erst am Wochenende.
Aber ich komme schon am Sonntag zurück.

Vai tu rīt brauc mājās?
Nē, tikai nedēļas nogalē.
Bet es atgriezīšos jau svētdien.

Ist deine Tochter schon erwachsen?
Nein, sie ist erst siebzehn.
Aber sie hat schon einen Freund.

Vai tava meita ir jau pieaugusi?
Nē, viņai ir tikai sešpadsmit.
Bet viņai ir jau draugs.

66
[sechsundsechzig]

Possessivprono
men 1

66 [sešdesmit seši]

Piederības
vietniekvārdi 1

ich – mein
Ich finde meinen Schlüssel nicht.
Ich finde meine Fahrkarte nicht.

es – mans
Es nevaru atrast savu atslēgu.
Es nevaru atrast savu braukšanas biļeti.

du – dein
Hast du deinen Schlüssel gefunden?
Hast du deine Fahrkarte gefunden?

tu – tavs
Vai tu atradi savu atslēgu?
Vai tu atradi savu braukšanas biļeti?

er – sein
Weißt du, wo sein Schlüssel ist?
Weißt du, wo seine Fahrkarte ist?

viņš – viņa
Vai tu zini, kur ir viņa atslēga?
Vai tu zini, kur ir viņa braukšanas biļete?

sie – ihr
Ihr Geld ist weg.
Und ihre Kreditkarte ist auch weg.

viņa – viņas
Viņai ir pazudusi nauda.
Un viņai vairs nav arī kredītkartes.

wir – unser
Unser Opa ist krank.
Unsere Oma ist gesund.

mēs – mūsu
Mūsu vectētiņš ir slims.
Mūsu vecmāmiņa ir vesela.

ihr – euer
Kinder, wo ist euer Vati?
Kinder, wo ist eure Mutti?

jūs – jūsu
Bērni, kur ir jūsu tētis?
Bērni, kur ir jūsu mamma?

67
[siebenundsechzig]

Possessivprono
men 2

67 [sešdesmit
septiņi]

Piederības
vietniekvārdi 2

die Brille
Er hat seine Brille vergessen.
Wo hat er denn seine Brille?

brilles
Viņš aizmirsa savas brilles.
Kur tad ir viņa brilles?

die Uhr
Seine Uhr ist kaputt.
Die Uhr hängt an der Wand.

pulkstenis
Viņa pulkstenis ir sabojājies.
Pulkstenis karājas pie sienas.

der Pass
Er hat seinen Pass verloren.
Wo hat er denn seinen Pass?

pase
Viņš ir pazaudējis savu pasi.
Kur tad ir viņa pase?

sie – ihr
Die Kinder können ihre Eltern nicht finden.
Aber da kommen ja ihre Eltern!

viņi – viņu
Bērni nevar atrast savus vecākus.
Bet tur jau nāk viņu vecāki.

Sie – Ihr
Wie war Ihre Reise, Herr Müller?
Wo ist Ihre Frau, Herr Müller?

Jūs – Jūsu
Kāds bija Jūsu ceļojums, Millera kungs?
Kur ir Jūsu sieva, Millera kungs?

Sie – Ihr
Wie war Ihre Reise, Frau Schmidt?
Wo ist Ihr Mann, Frau Schmidt?

Jūs – Jūsu
Kāds bija Jūsu ceļojums, Šmites kundze?
Kur ir Jūsu vīrs, Šmites kundze?

68
[achtundsechzig]

groß – klein

68 [sešdesmit astoņi]

liels – mazs

groß und klein
Der Elefant ist groß.
Die Maus ist klein.

liels un mazs
Zilonis ir liels.
Pele ir maza.

dunkel und hell
Die Nacht ist dunkel.
Der Tag ist hell.

tumšs un gaišs
Nakts ir tumša.
Diena ir gaiša.

alt und jung
Unser Großvater ist sehr alt.
Vor 70 Jahren war er noch jung.

vecs un jauns
Mūsu vectēvs ir ļoti vecs.
Pirms 70 gadiem viņš vēl bija jauns.

schön und hässlich
Der Schmetterling ist schön.
Die Spinne ist hässlich.

skaists un neglīts
Taurenis ir skaists.
Zirneklis ir neglīts.

dick und dünn
Eine Frau mit 100 Kilo ist dick.
Ein Mann mit 50 Kilo ist dünn.

resns un tievs
100 kilogramus smaga sieviete ir resna.
50 kilogramus smags vīrietis ir tievs.

teuer und billig
Das Auto ist teuer.
Die Zeitung ist billig.

dārgs un lēts
Mašīna ir dārga.
Avīze ir lēta.

69
[neunundsechzig]

brauchen – wollen

69 [sešdesmit deviņi]

vajadzēt – gribēt

Ich brauche ein Bett.
Ich will schlafen.
Gibt es hier ein Bett?

Man vajag gultu.
Es gribu gulēt.
Vai te ir gulta?

Ich brauche eine Lampe.
Ich will lesen.
Gibt es hier eine Lampe?

Man vajag lampu.
Es gribu lasīt.
Vai te ir lampa?

Ich brauche ein Telefon.
Ich will telefonieren.
Gibt es hier ein Telefon?

Man vajag telefonu.
Es gribu piezvanīt.
Vai te ir telefons?

Ich brauche eine Kamera.
Ich will fotografieren.
Gibt es hier eine Kamera?

Man vajag fotoaparātu.
Es gribu fotografēt.
Vai te ir fotoaparāts?

Ich brauche einen Computer.
Ich will eine E-Mail schicken.
Gibt es hier einen Computer?

Man vajag datoru.
Es gribu nosūtīt e-pasta vēstuli.
Vai te ir dators?

Ich brauche einen Kuli.
Ich will etwas schreiben.
Gibt es hier ein Blatt Papier und einen Kuli?

Man vajag pildspalvu.
Es gribu kaut ko uzrakstīt.
Vai te ir papīra lapa un pildspalva?

70 [siebzig]

70 [septiņdesmit]

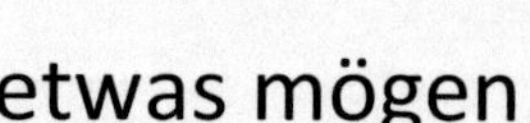

etwas mögen

kaut ko vēlēties

Möchten Sie rauchen?
Möchten Sie tanzen?
Möchten Sie spazieren gehen?

Vai Jūs vēlaties smēķēt?
Vai Jūs vēlaties dejot?
Vai Jūs vēlaties iet pastaigāties?

Ich möchte rauchen.
Möchtest du eine Zigarette?
Er möchte Feuer.

Es vēlos smēķēt.
Vai tu vēlies cigareti?
Viņš vēlas piesmēķēt.

Ich möchte etwas trinken.
Ich möchte etwas essen.
Ich möchte mich etwas ausruhen.

Es vēlos kaut ko iedzert.
Es vēlos kaut ko ēst.
Es vēlos nedaudz atpūsties.

Ich möchte Sie etwas fragen.
Ich möchte Sie um etwas bitten.
Ich möchte Sie zu etwas einladen.

Es vēlos Jums ko pajautāt.
Es vēlos Jums ko lūgt.
Es vēlos Jūs uz kaut ko uzaicināt.

Was möchten Sie bitte?
Möchten Sie einen Kaffee?
Oder möchten Sie lieber einen Tee?

Ko Jūs, lūdzu, vēlaties?
Vai Jūs vēlaties kafiju?
Varbūt Jūs labāk vēlaties tēju?

Wir möchten nach Hause fahren.
Möchtet ihr ein Taxi?
Sie möchten telefonieren.

Mēs vēlamies braukt mājās.
Vai Jūs vēlaties taksometru?
Viņi vēlas piezvanīt.

71 [einundsiebzig]

etwas wollen

71 [septiņdesmit viens]

kaut ko gribēt

Was wollt ihr?
Wollt ihr Fußball spielen?
Wollt ihr Freunde besuchen?

Ko jūs gribat?
Vai jūs gribat spēlēt futbolu?
Vai jūs gribat apciemot draugus?

wollen
Ich will nicht spät kommen.
Ich will nicht hingehen.

gribēt
Es negribu atnākt vēlu.
Es negribu turp iet.

Ich will nach Hause gehen.
Ich will zu Hause bleiben.
Ich will allein sein.

Es gribu iet mājās.
Es gribu palikt mājās.
Es gribu būt viena.

Willst du hier bleiben?
Willst du hier essen?
Willst du hier schlafen?

Vai tu gribi palikt šeit?
Vai tu gribi šeit ēst?
Vai tu gribi šeit gulēt?

Wollen Sie morgen abfahren?
Wollen Sie bis morgen bleiben?
Wollen Sie die Rechnung erst morgen bezahlen?

Vai Jūs gribat aizbraukt rīt?
Vai Jūs gribat palikt līdz rītdienai?
Vai Jūs gribat samaksāt rēķinu tikai rīt?

Wollt ihr in die Disko?
Wollt ihr ins Kino?
Wollt ihr ins Café?

Vai jūs gribat iet uz diskotēku?
Vai jūs gribat iet uz kino?
Vai jūs gribat iet uz kafejnīcu?

72
[zweiundsiebzig]

etwas müssen

72 [septiņdesmit divi]

kaut ko vajadzēt

müssen	vajadzēt
Ich muss den Brief verschicken.	Man jānosūta vēstule.
Ich muss das Hotel bezahlen.	Man jāsamaksā par viesnīcu.
Du musst früh aufstehen.	Tev agri jāceļas.
Du musst viel arbeiten.	Tev daudz jāstrādā.
Du musst pünktlich sein.	Tev jābūt precīzam.
Er muss tanken.	Viņam jāuzpilda degviela.
Er muss das Auto reparieren.	Viņam jāsalabo mašīna.
Er muss das Auto waschen.	Viņam jānomazgā mašīna.
Sie muss einkaufen.	Viņai jāiepērkas.
Sie muss die Wohnung putzen.	Viņai jāuzkopj dzīvoklis.
Sie muss die Wäsche waschen.	Viņai jāmazgā veļa.
Wir müssen gleich zur Schule gehen.	Mums tūlīt jāiet uz skolu.
Wir müssen gleich zur Arbeit gehen.	Mums tūlīt jāiet uz darbu.
Wir müssen gleich zum Arzt gehen.	Mums tūlīt jāiet pie ārsta.
Ihr müsst auf den Bus warten.	Jums jāgaida autobuss.
Ihr müsst auf den Zug warten.	Jums jāgaida vilciens.
Ihr müsst auf das Taxi warten.	Jums jāgaida taksometrs.

73 [dreiundsiebzig]

etwas dürfen

73 [septiņdesmit trīs]

kaut ko drīkstēt

Darfst du schon Auto fahren?
Darfst du schon Alkohol trinken?
Darfst du schon allein ins Ausland fahren?

Vai tu jau drīksti braukt ar mašīnu?
Vai tu jau drīksti lietot alkoholu?
Vai tu jau drīksti viens pats braukt uz ārzemēm?

dürfen
Dürfen wir hier rauchen?
Darf man hier rauchen?

drīkstēt
Vai mēs šeit drīkstam smēķēt?
Vai šeit drīkst smēķēt?

Darf man mit Kreditkarte bezahlen?
Darf man mit Scheck bezahlen?
Darf man nur bar bezahlen?

Vai drīkst maksāt ar kredītkarti?
Vai drīkst maksāt ar čeku?
Vai drīkst maksāt tikai skaidrā naudā?

Darf ich mal eben telefonieren?
Darf ich mal eben etwas fragen?
Darf ich mal eben etwas sagen?

Vai es drīkstu piezvanīt?
Vai es drīkstu ko jautāt?
Vai es drīkstu ko teikt?

Er darf nicht im Park schlafen.
Er darf nicht im Auto schlafen.
Er darf nicht im Bahnhof schlafen.

Viņš nedrīkst gulēt parkā.
Viņš nedrīkst gulēt mašīnā.
Viņš nedrīkst gulēt stacijā.

Dürfen wir Platz nehmen?
Dürfen wir die Speisekarte haben?
Dürfen wir getrennt zahlen?

Vai mēs drīkstam apsēsties?
Vai mēs drīkstam dabūt ēdienkarti?
Vai mēs drīkstam samaksāt atsevišķi?

74 [vierundsiebzig]

um etwas bitten

74 [septiņdesmit četri]

kaut ko lūgt

Können Sie mir die Haare schneiden?
Nicht zu kurz, bitte.
Etwas kürzer, bitte.

Vai Jūs varat man nogriezt matus?
Ne pārāk īsus, lūdzu.
Nedaudz īsākus, lūdzu.

Können Sie die Bilder entwickeln?
Die Fotos sind auf der CD.
Die Fotos sind in der Kamera.

Vai Jūs varat attīstīt fotogrāfijas?
Fotogrāfijas ir kompaktdiskā.
Fotogrāfijas ir fotoaparātā.

Können Sie die Uhr reparieren?
Das Glas ist kaputt.
Die Batterie ist leer.

Vai Jūs varat salabot pulksteni?
Stikls ir saplīsis.
Baterija ir tukša.

Können Sie das Hemd bügeln?
Können Sie die Hose reinigen?
Können Sie die Schuhe reparieren?

Vai Jūs varat izgludināt kreklu?
Vai Jūs varat iztīrīt bikses?
Vai Jūs varat salabot kurpes?

Können Sie mir Feuer geben?
Haben Sie Streichhölzer oder ein Feuerzeug?
Haben Sie einen Aschenbecher?

Vai Jūs varat man iedot aizsmēķēt?
Vai Jums ir sērkociņi vai šķiltavas?
Vai Jums ir pelnu trauks?

Rauchen Sie Zigarren?
Rauchen Sie Zigaretten?
Rauchen Sie Pfeife?

Vai Jūs smēķējat cigārus?
Vai Jūs smēķējat cigaretes?
Vai Jūs smēķējat pīpi?

75
[fünfundsiebzig]

etwas
begründen 1

75 [septiņdesmit
pieci]

kaut ko pamatot
1

Warum kommen Sie nicht?
Das Wetter ist so schlecht.
Ich komme nicht, weil das Wetter so schlecht ist.

Kāpēc Jūs nenākat?
Laiks ir tik slikts.
Es nenāku, jo ir slikts laiks.

Warum kommt er nicht?
Er ist nicht eingeladen.
Er kommt nicht, weil er nicht eingeladen ist.

Kāpēc viņš nenāk?
Viņš nav uzaicināts.
Viņš nenāk, jo nav uzaicināts.

Warum kommst du nicht?
Ich habe keine Zeit.
Ich komme nicht, weil ich keine Zeit habe.

Kāpēc tu nenāc?
Man nav laika.
Es nenāku, jo man nav laika.

Warum bleibst du nicht?
Ich muss noch arbeiten.
Ich bleibe nicht, weil ich noch arbeiten muss.

Kāpēc tu nepaliec?
Man vēl jāstrādā.
Es nepalieku, jo man vēl jāstrādā.

Warum gehen Sie schon?
Ich bin müde.
Ich gehe, weil ich müde bin.

Kāpēc Jūs jau aizejat?
Es esmu nogurusi.
Es aizeju, jo esmu nogurusi.

Warum fahren Sie schon?
Es ist schon spät.
Ich fahre, weil es schon spät ist.

Kāpēc Jūs jau aizbraucat?
Ir jau vēls.
Es braucu prom, jo ir jau vēls.

76 [sechsundsiebzig]

etwas begründen 2

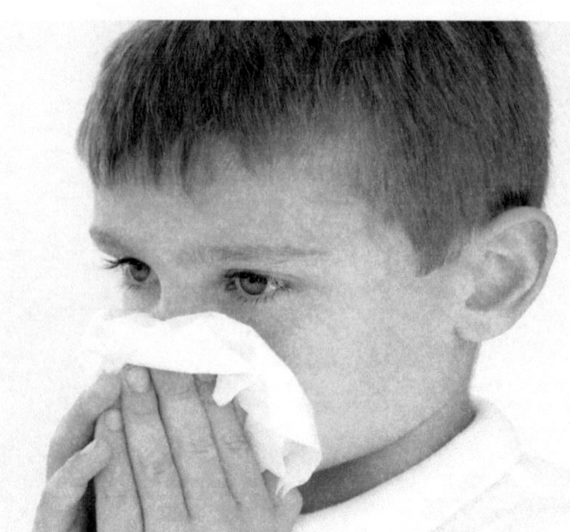

76 [septiņdesmit seši]

kaut ko pamatot 2

Warum bist du nicht gekommen?
Ich war krank.
Ich bin nicht gekommen, weil ich krank war.

Kāpēc tu neatnāci?
Es biju slima.
Es neatnācu, jo biju slima.

Warum ist sie nicht gekommen?
Sie war müde.
Sie ist nicht gekommen, weil sie müde war.

Kāpēc viņa neatnāca?
Viņa bija nogurusi.
Viņa neatnāca, jo bija nogurusi.

Warum ist er nicht gekommen?
Er hatte keine Lust.
Er ist nicht gekommen, weil er keine Lust hatte.

Kāpēc viņš neatnāca?
Viņam nebija vēlēšanās.
Viņš neatnāca, jo viņam nebija vēlēšanās.

Warum seid ihr nicht gekommen?
Unser Auto ist kaputt.
Wir sind nicht gekommen, weil unser Auto kaputt ist.

Kāpēc jūs neatnācāt?
Mūsu mašīna saplīsa.
Mēs neatnācām, jo mūsu mašīna saplīsa.

Warum sind die Leute nicht gekommen?
Sie haben den Zug verpasst.
Sie sind nicht gekommen, weil sie den Zug verpasst haben.

Kāpēc ļaudis neatnāca?
Viņi nokavēja vilcienu.
Viņi neatnāca, jo nokavēja vilcienu.

Warum bist du nicht gekommen?
Ich durfte nicht.
Ich bin nicht gekommen, weil ich nicht durfte.

Kāpēc tu neatnāci?
Es nedrīkstēju.
Es neatnācu, jo nedrīkstēju.

77
[siebenundsiebzig]

etwas
begründen 3

77 [septiņdesmit
septiņi]

kaut ko pamatot
3

Warum essen Sie die Torte nicht?	Kāpēc Jūs neēdat torti?
Ich muss abnehmen.	Man jāsamazina svars.
Ich esse sie nicht, weil ich abnehmen muss.	Es neēdu, jo man jāsamazina svars.
Warum trinken Sie das Bier nicht?	Kāpēc Jūs nedzerat alu?
Ich muss noch fahren.	Man vēl jābrauc.
Ich trinke es nicht, weil ich noch fahren muss.	Es to nedzeru, jo man vēl jābrauc.
Warum trinkst du den Kaffee nicht?	Kāpēc tu nedzer kafiju?
Er ist kalt.	Tā ir auksta.
Ich trinke ihn nicht, weil er kalt ist.	Es to nedzeru, jo tā ir auksta.
Warum trinkst du den Tee nicht?	Kāpēc tu nedzer tēju?
Ich habe keinen Zucker.	Man nav cukura.
Ich trinke ihn nicht, weil ich keinen Zucker habe.	Es to nedzeru, jo man nav cukura.
Warum essen Sie die Suppe nicht?	Kāpēc Jūs neēdat zupu?
Ich habe sie nicht bestellt.	Es to nepasūtīju.
Ich esse sie nicht, weil ich sie nicht bestellt habe.	Es to neēdu, jo nepasūtīju.
Warum essen Sie das Fleisch nicht?	Kāpēc Jūs neēdat gaļu?
Ich bin Vegetarier.	Es esmu veģetāriete.
Ich esse es nicht, weil ich Vegetarier bin.	Es to neēdu, jo esmu veģetāriete.

78
[achtundsiebzig]

Adjektive 1

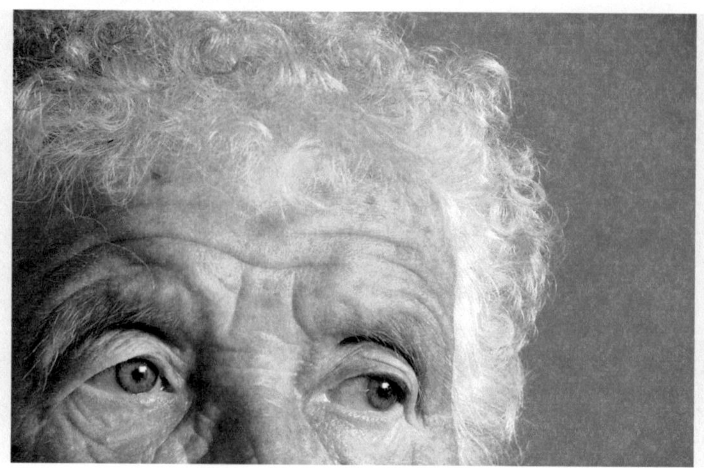

78 [septiņdesmit astoņi]

Īpašības vārdi 1

eine alte Frau	veca sieviete
eine dicke Frau	resna sieviete
eine neugierige Frau	ziņkārīga sieviete
ein neuer Wagen	jauna mašīna
ein schneller Wagen	ātra mašīna
ein bequemer Wagen	ērta mašīna
ein blaues Kleid	zila kleita
ein rotes Kleid	sarkana kleita
ein grünes Kleid	zaļa kleita
eine schwarze Tasche	melna soma
eine braune Tasche	brūna soma
eine weiße Tasche	balta soma
nette Leute	jauki ļaudis
höfliche Leute	pieklājīgi ļaudis
interessante Leute	interesanti ļaudis
liebe Kinder	mīļi bērni
freche Kinder	nekaunīgi bērni
brave Kinder	rātni bērni

79 [neunundsiebzig]

Adjektive 2

79 [septiņdesmit deviņi]

Īpašības vārdi 2

Ich habe ein blaues Kleid an.
Ich habe ein rotes Kleid an.
Ich habe ein grünes Kleid an.

Man mugurā ir zila kleita.
Man mugurā ir sarkana kleita.
Man mugurā ir zaļa kleita.

Ich kaufe eine schwarze Tasche.
Ich kaufe eine braune Tasche.
Ich kaufe eine weiße Tasche.

Es pērku melnu somu.
Es pērku brūnu somu.
Es pērku baltu somu.

Ich brauche einen neuen Wagen.
Ich brauche einen schnellen Wagen.
Ich brauche einen bequemen Wagen.

Man vajag jaunu mašīnu.
Man vajag ātru mašīnu.
Man vajag ērtu mašīnu.

Da oben wohnt eine alte Frau.
Da oben wohnt eine dicke Frau.
Da unten wohnt eine neugierige Frau.

Tur augšā dzīvo veca sieviete.
Tur augšā dzīvo resna sieviete.
Tur lejā dzīvo ziņkārīga sieviete.

Unsere Gäste waren nette Leute.
Unsere Gäste waren höfliche Leute.
Unsere Gäste waren interessante Leute.

Mūsu viesi bija jauki ļaudis.
Mūsu viesi bija pieklājīgi ļaudis.
Mūsu viesi bija interesanti ļaudis.

Ich habe liebe Kinder.
Aber die Nachbarn haben freche Kinder.
Sind Ihre Kinder brav?

Man ir mīļi bērni.
Bet kaimiņiem ir nekaunīgi bērni.
Vai Jūsu bērni ir rātni?

80 [achtzig]

Adjektive 3

80 [astoņdesmit]

Īpašības vārdi 3

Sie hat einen Hund. Der Hund ist groß. Sie hat einen großen Hund.	Viņai ir suns. Suns ir liels. Viņai ir liels suns.
Sie hat ein Haus. Das Haus ist klein. Sie hat ein kleines Haus.	Viņai ir māja. Māja ir maza. Viņai ir maza māja.
Er wohnt in einem Hotel. Das Hotel ist billig. Er wohnt in einem billigen Hotel.	Viņš dzīvo viesnīcā. Viesnīca ir lēta. Viņš dzīvo lētā viesnīcā.
Er hat ein Auto. Das Auto ist teuer. Er hat ein teures Auto.	Viņam ir mašīna. Mašīna ir dārga. Viņam ir dārga mašīna.
Er liest einen Roman. Der Roman ist langweilig. Er liest einen langweiligen Roman.	Viņš lasa romānu. Romāns ir garlaicīgs. Viņš lasa garlaicīgu romānu.
Sie sieht einen Film. Der Film ist spannend. Sie sieht einen spannenden Film.	Viņa skatās filmu. Filma ir aizraujoša. Viņa skatās aizraujošu filmu.

81 [einundachtzig]

Vergangenheit 1

81 [astoņdesmit viens]

Pagātne 1

schreiben
Er schrieb einen Brief.
Und sie schrieb eine Karte.

rakstīt
Viņš rakstīja vēstuli.
Un viņa rakstīja pastkarti.

lesen
Er las eine Illustrierte.
Und sie las ein Buch.

lasīt
Viņš lasīja ilustrētu žurnālu.
Un viņa lasīja grāmatu.

nehmen
Er nahm eine Zigarette.
Sie nahm ein Stück Schokolade.

ņemt
Viņš paņēma cigareti.
Viņa paņēma gabaliņu šokolādes.

Er war untreu, aber sie war treu.
Er war faul, aber sie war fleißig.
Er war arm, aber sie war reich.

Viņš bija neuzticīgs, bet viņa bija uzticīga.
Viņš bija slinks, bet viņa bija čakla.
Viņš bija nabadzīgs, bet viņa bija bagāta.

Er hatte kein Geld, sondern Schulden.
Er hatte kein Glück, sondern Pech.
Er hatte keinen Erfolg, sondern Misserfolg.

Viņam nebija naudas, bet bija parādi.
Viņam nebija laimes, bet bija nelaimes.
Viņam nebija panākumu, bet bija neveiksmes.

Er war nicht zufrieden, sondern unzufrieden.
Er war nicht glücklich, sondern unglücklich.
Er war nicht sympathisch, sondern unsympathisch.

Viņš nebija apmierināts, bet bija neapmierināts.
Viņš nebija laimīgs, bet bija nelaimīgs.
Viņš nebija simpātisks, bet bija nesimpātisks.

82
[zweiundachtzig]

Vergangenheit 2

82 [astoņdesmit divi]

Pagātne 2

Musstest du einen Krankenwagen rufen? Musstest du den Arzt rufen? Musstest du die Polizei rufen?	Vai tev bija jāizsauc ātrā palīdzība? Vai tev bija jāizsauc ārsts? Vai tev bija jāizsauc policija?
Haben Sie die Telefonnummer? Gerade hatte ich sie noch. Haben Sie die Adresse? Gerade hatte ich sie noch. Haben Sie den Stadtplan? Gerade hatte ich ihn noch.	Vai Jums ir telefona numurs? Tikko vēl bija. Vai Jums ir adrese? Tikko vēl bija. Vai Jums ir pilsētas plāns? Tikko vēl bija.
Kam er pünktlich? Er konnte nicht pünktlich kommen. Fand er den Weg? Er konnte den Weg nicht finden. Verstand er dich? Er konnte mich nicht verstehen.	Vai viņš atnāca laikā? Viņš nevarēja atnākt laikā. Vai viņš atrada ceļu? Viņš nevarēja atrast ceļu. Vai viņš tevi saprata? Viņš nevarēja mani saprast.
Warum konntest du nicht pünktlich kommen? Warum konntest du den Weg nicht finden? Warum konntest du ihn nicht verstehen?	Kāpēc tu nevarēji atnākt laikā? Kāpēc tu nevarēji atrast ceļu? Kāpēc tu nevarēji viņu sprast?
Ich konnte nicht pünktlich kommen, weil kein Bus fuhr. Ich konnte den Weg nicht finden, weil ich keinen Stadtplan hatte. Ich konnte ihn nicht verstehen, weil die Musik so laut war.	Es nevarēju atnākt laikā, jo nenāca autobuss. Es nevarēju atrast ceļu, jo man nebija pilsētas plāna. Es nevarēju viņu saprast, jo mūzika bija tik skaļa.
Ich musste ein Taxi nehmen. Ich musste einen Stadtplan kaufen. Ich musste das Radio ausschalten.	Man bija jāņem taksometrs. Man bija jānopērk pilsētas plāns. Man bija jāizslēdz radio.

83
[dreiundachtzig]

83 [astoņdesmit trīs]

Vergangenheit 3

Pagātne 3

telefonieren
Ich habe telefoniert.
Ich habe die ganze Zeit telefoniert.

piezvanīt
Es runāju pa telefonu.
Es runāju pa telefonu visu laiku.

fragen
Ich habe gefragt.
Ich habe immer gefragt.

jautāt
Es jautāju.
Es vienmēr jautāju.

erzählen
Ich habe erzählt.
Ich habe die ganze Geschichte erzählt.

stāstīt
Es stāstīju.
Es izstāstīju visu stāstu.

lernen
Ich habe gelernt.
Ich habe den ganzen Abend gelernt.

mācīties
Es mācījos.
Es mācījos visu vakaru.

arbeiten
Ich habe gearbeitet.
Ich habe den ganzen Tag gearbeitet.

strādāt
Es strādāju.
Es strādāju visu dienu.

essen
Ich habe gegessen.
Ich habe das ganze Essen gegessen.

ēst
Es paēdu.
Es apēdu visu ēdienu.

84 [vierundachtzig]

Vergangenheit 4

84 [astoņdesmit četri]

Pagātne 4

lesen
Ich habe gelesen.
Ich habe den ganzen Roman gelesen.

lasīt
Es lasīju.
Es izlasīju visu romānu.

verstehen
Ich habe verstanden.
Ich habe den ganzen Text verstanden.

saprast
Es sapratu.
Es sapratu visu tekstu.

antworten
Ich habe geantwortet.
Ich habe auf alle Fragen geantwortet.

atbildēt
Es atbildēju.
Es atbildēju uz visiem jautājumiem.

Ich weiß das – ich habe das gewusst.
Ich schreibe das – ich habe das geschrieben.
Ich höre das – ich habe das gehört.

Es to zinu – es to zināju.
Es to rakstu – es to uzrakstīju.
Es to dzirdu – es to dzirdēju.

Ich hole das – ich habe das geholt.
Ich bringe das – ich habe das gebracht.
Ich kaufe das – ich habe das gekauft.

Es to nesu – es to atnesu.
Es to nesu – es to atnesu.
Es to pērku – es to nopirku.

Ich erwarte das – ich habe das erwartet.
Ich erkläre das – ich habe das erklärt.
Ich kenne das – ich habe das gekannt.

Es to gaidu – es to gaidīju.
Es to paskaidroju – es to paskaidroju.
Es to pazīstu – es to pazinu.

85 [fünfundachtzig]

85 [astoņdesmit pieci]

Fragen – Vergangenheit 1

Jautājumi – pagātne 1

Wie viel haben Sie getrunken?	Cik daudz Jūs izdzērāt?
Wie viel haben Sie gearbeitet?	Cik ilgi Jūs strādājāt?
Wie viel haben Sie geschrieben?	Cik daudz Jūs uzrakstījāt?
Wie haben Sie geschlafen?	Kā Jūs gulējāt?
Wie haben Sie die Prüfung bestanden?	Kā Jūs nokārtojāt eksāmenu?
Wie haben Sie den Weg gefunden?	Kā Jūs atradāt ceļu?
Mit wem haben Sie gesprochen?	Ar ko Jūs runājāt?
Mit wem haben Sie sich verabredet?	Ar ko Jūs sarunājāt tikšanos?
Mit wem haben Sie Geburtstag gefeiert?	Ar ko Jūs svinējāt dzimšanas dienu?
Wo sind Sie gewesen?	Kur Jūs bijāt?
Wo haben Sie gewohnt?	Kur Jūs dzīvojāt?
Wo haben Sie gearbeitet?	Kur Jūs strādājāt?
Was haben Sie empfohlen?	Ko Jūs ieteicāt?
Was haben Sie gegessen?	Ko Jūs ēdāt?
Was haben Sie erfahren?	Ko Jūs uzzinājāt?
Wie schnell sind Sie gefahren?	Cik ātri Jūs braucāt?
Wie lange sind Sie geflogen?	Cik ilgi Jūs lidojāt?
Wie hoch sind Sie gesprungen?	Cik augstu jūs uzlēcāt?

86 [sechsundachtzig]

Fragen – Vergangenheit 2

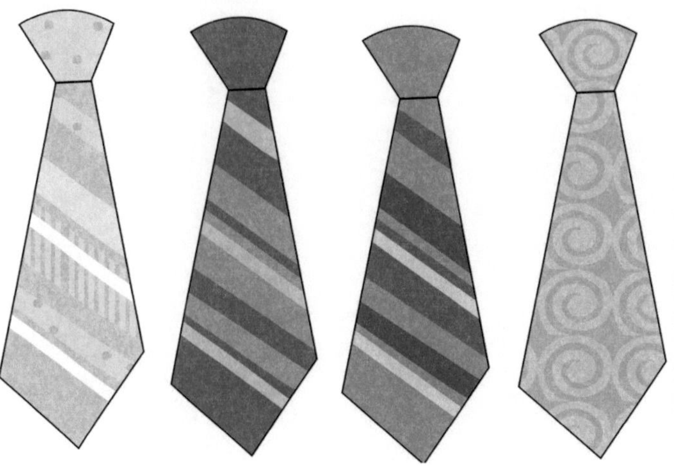

86 [astoņdesmit seši]

Jautājumi – pagātne 2

Welche Krawatte hast du getragen?	Kādu kaklasaiti tu nēsāji?
Welches Auto hast du gekauft?	Kādu mašīnu tu nopirki?
Welche Zeitung hast du abonniert?	Kādu avīzi tu abonēji?
Wen haben Sie gesehen?	Ko Jūs redzējāt?
Wen haben Sie getroffen?	Ko Jūs satikāt?
Wen haben Sie erkannt?	Ko Jūs atpazināt?
Wann sind Sie aufgestanden?	Kad Jūs piecēlāties?
Wann haben Sie begonnen?	Kad Jūs sākāt?
Wann haben Sie aufgehört?	Kad Jūs beidzāt?
Warum sind Sie aufgewacht?	Kāpēc Jūs pamodāties?
Warum sind Sie Lehrer geworden?	Kāpēc Jūs kļuvāt par skolotāju?
Warum haben Sie ein Taxi genommen?	Kāpēc Jūs paņēmāt taksometru?
Woher sind Sie gekommen?	No kurienes jūs atnācāt?
Wohin sind Sie gegangen?	Uz kurieni jūs aizgājāt?
Wo sind Sie gewesen?	Kur Jūs bijāt?
Wem hast du geholfen?	Kam tu palīdzēji?
Wem hast du geschrieben?	Kam tu rakstīji?
Wem hast du geantwortet?	Kam tu atbildēji?

87
[siebenundachtzig]

Vergangenheit der Modalverben 1

87 [astoņdesmit septiņi]

Modālo darbības vārdu pagātne 1

Wir mussten die Blumen gießen.
Wir mussten die Wohnung aufräumen.
Wir mussten das Geschirr spülen.

Mums bija jāaplej puķes.
Mums bija jāuzkopj dzīvoklis.
Mums bija jānomazgā trauki.

Musstet ihr die Rechnung bezahlen?
Musstet ihr Eintritt bezahlen?
Musstet ihr eine Strafe bezahlen?

Vai jums bija jāsamaksā rēķins?
Vai jums bija jāmaksā par ieejas biļetēm?
Vai jums bija jāmaksā soda nauda?

Wer musste sich verabschieden?
Wer musste früh nach Hause gehen?
Wer musste den Zug nehmen?

Kam bija jāatvadās?
Kam bija agri jāiet mājās?
Kam bija jābrauc ar vilcienu?

Wir wollten nicht lange bleiben.
Wir wollten nichts trinken.
Wir wollten nicht stören.

Mēs negribējām ilgi palikt.
Mēs negribējām neko dzert.
Mēs negribējām traucēt.

Ich wollte eben telefonieren.
Ich wollte ein Taxi bestellen.
Ich wollte nämlich nach Haus fahren.

Es tikko gribēju piezvanīt.
Es gribēju pasūtīt taksometru.
Es gribēju braukt mājās.

Ich dachte, du wolltest deine Frau anrufen.
Ich dachte, du wolltest die Auskunft anrufen.
Ich dachte, du wolltest eine Pizza bestellen.

Es domāju, tu gribēji piezvanīt savai sievai.
Es domāju, tu gribēji piezvanīt uzziņām.
Es domāju, tu gribēji pasūtīt picu.

88 [achtundachtzig]

Vergangenheit der Modalverben 2

88 [astoņdesmit astoņi]

Modālo darbības vārdu pagātne 2

Mein Sohn wollte nicht mit der Puppe spielen.
Meine Tochter wollte nicht Fußball spielen.
Meine Frau wollte nicht mit mir Schach spielen.

Mans dēls negribēja spēlēties ar lelli.
Mana meita negribēja spēlēt futbolu.
Mana sieva negribēja ar mani spēlēt šahu.

Meine Kinder wollten keinen Spaziergang machen.
Sie wollten nicht das Zimmer aufräumen.
Sie wollten nicht ins Bett gehen.

Mani bērni negribēja iet pastaigāties.
Viņi negribēja uzkopt istabu.
Viņi negribēja iet gultā.

Er durfte kein Eis essen.
Er durfte keine Schokolade essen.
Er durfte keine Bonbons essen.

Viņš nedrīkstēja ēst saldējumu.
Viņš nedrīkstēja ēst šokolādi.
Viņš nedrīkstēja ēst konfektes.

Ich durfte mir etwas wünschen.
Ich durfte mir ein Kleid kaufen.
Ich durfte mir eine Praline nehmen.

Es drīkstēju sev kaut ko vēlēties.
Es drīkstēju nopirkt sev kleitu.
Es drīkstēju paņemt šokolādes konfekti.

Durftest du im Flugzeug rauchen?
Durftest du im Krankenhaus Bier trinken?
Durftest du den Hund ins Hotel mitnehmen?

Vai tu drīkstēji lidmašīnā smēķēt?
Vai tu drīkstēji slimnīcā dzert alu?
Vai tu drīkstēji ņemt līdzi uz viesnīcu suni?

In den Ferien durften die Kinder lange draußen bleiben.
Sie durften lange im Hof spielen.
Sie durften lange aufbleiben.

Brīvdienās bērni drīkstēja ilgi palikt ārā.
Viņi drīkstēja ilgi spēlēties pagalmā.
Viņi drīkstēja ilgi palikt nomodā.

89
[neunundachtzig]

Imperativ 1

89 [astoņdesmit deviņi]

Vēlējuma izteiksme 1

Du bist so faul – sei doch nicht so faul!
Du schläfst so lang – schlaf doch nicht so lang!
Du kommst so spät – komm doch nicht so spät!

Tu esi slinks – neesi taču tik slinks!
Tu guli tik ilgi – neguli taču tik ilgi!
Tu nāc tik vēlu – nenāc taču tik vēlu!

Du lachst so laut – lach doch nicht so laut!
Du sprichst so leise – sprich doch nicht so leise!
Du trinkst zu viel – trink doch nicht so viel!

Tu smejies tik skaļi – nesmejies taču tik skaļi!
Tu runā tik klusu – nerunā taču tik klusu!
Tu dzer pārāk daudz – nedzer taču tik daudz!

Du rauchst zu viel – rauch doch nicht so viel!
Du arbeitest zu viel – arbeite doch nicht so viel!
Du fährst so schnell – fahr doch nicht so schnell!

Tu smēķē pārāk daudz – nesmēķē taču tik daudz!
Tu strādā pārāk daudz – nestrādā taču tik daudz!
Tu brauc tik ātri – nebrauc taču tik ātri!

Stehen Sie auf, Herr Müller!
Setzen Sie sich, Herr Müller!
Bleiben Sie sitzen, Herr Müller!

Piecelieties, Millera kungs!
Apsēdieties, Millera kungs!
Palieciet sēžam, Millera kungs!

Haben Sie Geduld!
Nehmen Sie sich Zeit!
Warten Sie einen Moment!

Esiet pacietīga!
Nesteidzieties!
Pagaidiet acumirkli!

Seien Sie vorsichtig!
Seien Sie pünktlich!
Seien Sie nicht dumm!

Esiet piesardzīga!
Esiet precīza!
Neesiet muļķe!

90 [neunzig]

Imperativ 2

90 [deviņdesmit]

Vēlējuma izteiksme 2

Rasier dich!
Wasch dich!
Kämm dich!

Noskujies!
Nomazgājies!
Saķemmējies!

Ruf an! Rufen Sie an!
Fang an! Fangen Sie an!
Hör auf! Hören Sie auf!

Piezvani! Piezvaniet!
Sāc! Sāciet!
Izbeidz! Izbeidziet!

Lass das! Lassen Sie das!
Sag das! Sagen Sie das!
Kauf das! Kaufen Sie das!

Liec to mierā! Lieciet to mierā!
Saki to! Sakiet to!
Nopērc to! Nopērciet to!

Sei nie unehrlich!
Sei nie frech!
Sei nie unhöflich!

Nekad neesi negodīgs!
Nekad neesi nekaunīgs!
Nekad neesi nepieklājīgs!

Sei immer ehrlich!
Sei immer nett!
Sei immer höflich!

Esi vienmēr godīgs!
Esi vienmēr jauks!
Esi vienmēr pieklājīgs!

Kommen Sie gut nach Haus!
Passen Sie gut auf sich auf!
Besuchen Sie uns bald wieder!

Nonāciet laimīgi mājās!
Sargiet sevi!
Apciemojiet mūs drīz atkal!

91
[einundneunzig]

Nebensätze mit dass 1

91 [deviņdesmit viens]

Palīgteikumi ar ka 1

Das Wetter wird vielleicht morgen besser. Woher wissen Sie das? Ich hoffe, dass es besser wird.	Rīt varbūt būs labāks laiks. Kā Jūs to zināt? Es ceru, ka tas būs labāks.
Er kommt ganz bestimmt. Ist das sicher? Ich weiß, dass er kommt.	Viņš noteikti atnāks. Vai tas ir noteikti? Es zinu, ka viņš atnāks.
Er ruft bestimmt an. Wirklich? Ich glaube, dass er anruft.	Viņš noteikti piezvanīs. Patiešām? Es domāju, ka viņš piezvanīs.
Der Wein ist sicher alt. Wissen Sie das genau? Ich vermute, dass er alt ist.	Vīns noteikti ir vecs. Vai jūs to droši zināt? Es pieņemu, ka tas ir vecs.
Unser Chef sieht gut aus. Finden Sie? Ich finde, dass er sogar sehr gut aussieht.	Mūsu vadītājs izskatās labi. Jūs tā domājat? Es uzskatu, ka viņš izskatās pat ļoti labi.
Der Chef hat bestimmt eine Freundin. Glauben Sie wirklich? Es ist gut möglich, dass er eine Freundin hat.	Vadītājam noteikti ir draudzene. Jūs patiešām tā domājat? Ir pilnīgi iespējams, ka viņam ir draudzene.

92
[zweiundneunzig]

Nebensätze mit dass 2

92 [deviņdesmit divi]

Palīgteikumi ar ka 2

Es ärgert mich, dass du schnarchst.
Es ärgert mich, dass du so viel Bier trinkst.
Es ärgert mich, dass du so spät kommst.

Mani kaitina tas, ka tu krāc.
Mani kaitina tas, ka tu dzer tik daudz alus.
Mani kaitina tas, ka tu nāc tik vēlu.

Ich glaube, dass er einen Arzt braucht.
Ich glaube, dass er krank ist.
Ich glaube, dass er jetzt schläft.

Es domāju, ka viņam ir vajadzīgs ārsts.
Es domāju, ka viņš ir slims.
Es domāju, ka viņš tagad guļ.

Wir hoffen, dass er unsere Tochter heiratet.
Wir hoffen, dass er viel Geld hat.
Wir hoffen, dass er Millionär ist.

Mēs ceram, ka viņš apprecēs mūsu meitu.
Mēs ceram, ka viņam ir daudz naudas.
Mēs ceram, ka viņš ir miljonārs.

Ich habe gehört, dass deine Frau einen Unfall hatte.
Ich habe gehört, dass sie im Krankenhaus liegt.
Ich habe gehört, dass dein Auto total kaputt ist.

Es dzirdēju, ka tava sieva cieta negadījumā.
Es dzirdēju, ka viņa guļ slimnīcā.
Es dzirdēju, ka tava mašīna ir pagalam.

Es freut mich, dass Sie gekommen sind.
Es freut mich, dass Sie Interesse haben.
Es freut mich, dass Sie das Haus kaufen wollen.

Es priecājos, ka Jūs atnācāt.
Es priecājos, ka Jums ir interese.
Es priecājos, ka Jūs gribat pirkt māju.

Ich fürchte, dass der letzte Bus schon weg ist.
Ich fürchte, dass wir ein Taxi nehmen müssen.
Ich fürchte, dass ich kein Geld bei mir habe.

Es baidos, ka pēdējais autobuss jau ir projām.
Es baidos, ka mums būs jāņem taksometrs.
Es baidos, ka man nav līdzi naudas.

93 [dreiundneunzig]

Nebensätze mit ob

93 [deviņdesmit trīs]

Palīgteikumi ar vai

Ich weiß nicht, ob er mich liebt.	Es nezinu, vai viņš mani mīl.
Ich weiß nicht, ob er zurückkommt.	Es nezinu, vai viņš nāks atpakaļ.
Ich weiß nicht, ob er mich anruft.	Es nezinu, vai viņš man piezvanīs.
Ob er mich wohl liebt?	Vai viņš mani mīl?
Ob er wohl zurückkommt?	Vai viņš nāks atpakaļ?
Ob er mich wohl anruft?	Vai viņš man piezvanīs?
Ich frage mich, ob er an mich denkt.	Es jautāju sev, vai viņš domā par mani?
Ich frage mich, ob er eine andere hat.	Es jautāju sev, vai viņam ir kāda cita?
Ich frage mich, ob er lügt.	Es jautāju sev, vai viņš melo?
Ob er wohl an mich denkt?	Vai viņš domā par mani?
Ob er wohl eine andere hat?	Vai viņam ir kāda cita?
Ob er wohl die Wahrheit sagt?	Vai viņš saka patiesību?
Ich zweifele, ob er mich wirklich mag.	Es šaubos, vai es viņam patiešām patīku.
Ich zweifele, ob er mir schreibt.	Es šaubos, vai viņš man rakstīs.
Ich zweifele, ob er mich heiratet.	Es šaubos, vai viņš mani precēs.
Ob er mich wohl wirklich mag?	Vai es viņam patiešām patīku?
Ob er mir wohl schreibt?	Vai viņš man rakstīs?
Ob er mich wohl heiratet?	Vai viņš mani precēs?

94
[vierundneunzig]

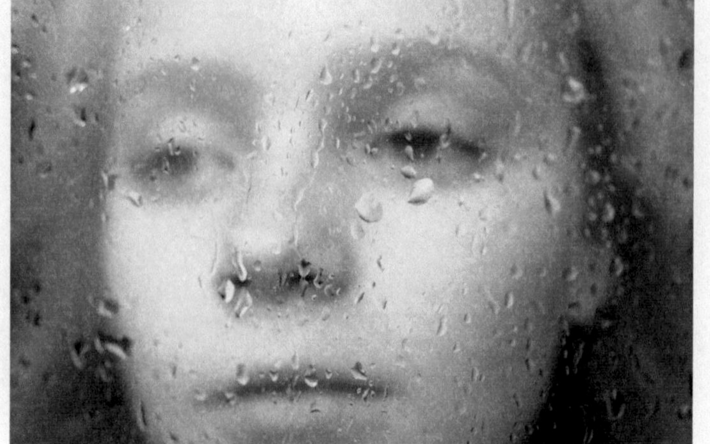

94 [deviņdesmit četri]

Konjunktionen 1

Saikļi 1

Warte, bis der Regen aufhört.
Warte, bis ich fertig bin.
Warte, bis er zurückkommt.

Pagaidi, kamēr pārstās lietus.
Pagaidi, kamēr es pabeigšu.
Pagaidi, kamēr viņš atnāks atpakaļ.

Ich warte, bis meine Haare trocken sind.
Ich warte, bis der Film zu Ende ist.
Ich warte, bis die Ampel grün ist.

Es gaidu, kamēr mani mati būs sausi.
Es gaidu, kamēr beigsies filma.
Es gaidu, kamēr luksoforā būs zaļā gaisma.

Wann fährst du in Urlaub?
Noch vor den Sommerferien?
Ja, noch bevor die Sommerferien beginnen.

Kad tu dosies atvaļinājumā?
Vēl pirms vasaras brīvdienām?
Jā, pirms vēl sākas vasaras brīvdienas.

Reparier das Dach, bevor der Winter beginnt.
Wasch deine Hände, bevor du dich an den Tisch setzt.
Schließ das Fenster, bevor du rausgehst.

Salabo jumtu, pirms sākas ziema!
Nomazgā rokas, pirms tu sēdies pie galda!
Aizver logu, pirms tu ej ārā!

Wann kommst du nach Hause?
Nach dem Unterricht?
Ja, nachdem der Unterricht aus ist.

Kad tu nāc mājās?
Pēc nodarbībām?
Jā, kad beidzas nodarbības.

Nachdem er einen Unfall hatte, konnte er nicht mehr arbeiten.
Nachdem er die Arbeit verloren hatte, ist er nach Amerika gegangen.
Nachdem er nach Amerika gegangen war, ist er reich geworden.

Pēc nelaimes gadījuma viņš vairs nevarēja strādāt.
Pēc tam, kad viņš zaudēja darbu, viņš devās uz Ameriku.
Pēc tam, kad viņš bija devies uz Ameriku, viņš kļuva bagāts.

95
[fünfundneunzig]

Konjunktionen 2

95 [deviņdesmit pieci]

Saikļi 2

Seit wann arbeitet sie nicht mehr?
Seit ihrer Heirat?
Ja, sie arbeitet nicht mehr, seitdem sie geheiratet hat.

Kopš kura laika viņa vairs nestrādā?
Kopš ir precējusies?
Jā, viņa vairs nestrādā, kopš ir precējusies.

Seitdem sie geheiratet hat, arbeitet sie nicht mehr.
Seitdem sie sich kennen, sind sie glücklich.
Seitdem sie Kinder haben, gehen sie selten aus.

Kopš viņa ir precējusies, viņa vairs nestrādā.
Kopš viņi pazīst viens otru, viņi ir laimīgi.
Kopš viņiem ir bērni, viņi reti kaut kur iziet.

Wann telefoniert sie?
Während der Fahrt?
Ja, während sie Auto fährt.

Kad viņa runā pa telefonu?
Brauciena laikā?
Jā, kad viņa brauc ar mašīnu.

Sie telefoniert, während sie Auto fährt.
Sie sieht fern, während sie bügelt.
Sie hört Musik, während sie ihre Aufgaben macht.

Viņa runā pa telefonu, kad brauc ar mašīnu.
Viņa skatās televizoru, kad gludina.
Viņa klausās mūziku, kad pilda uzdevumus.

Ich sehe nichts, wenn ich keine Brille habe.
Ich verstehe nichts, wenn die Musik so laut ist.
Ich rieche nichts, wenn ich Schnupfen habe.

Es neko neredzu, ja man nav briļļu.
Es neko nesaprotu, ja mūzika ir tik skaļa.
Es neko nesaožu, ja man ir iesnas.

Wir nehmen ein Taxi, wenn es regnet.
Wir reisen um die Welt, wenn wir im Lotto gewinnen.
Wir fangen mit dem Essen an, wenn er nicht bald kommt.

Mēs ņemsim taksometru, ja līs lietus.
Mēs apceļosim pasauli, ja laimēsim loterijā.
Mēs sāksim ēst, ja viņa drīz nebūs klāt.

96 [sechsundneunzig]

Konjunktionen 3

96 [deviņdesmit seši]

Saikļi 3

Ich stehe auf, sobald der Wecker klingelt.
Ich werde müde, sobald ich lernen soll.
Ich höre auf zu arbeiten, sobald ich 60 bin.

Es ceļos, līdzko zvana modinātājs.
Es jūtos nogurusi, līdzko man jāsāk mācīties.
Es pārtraukšu strādāt, līdzko man būs 60.

Wann rufen Sie an?
Sobald ich einen Moment Zeit habe.
Er ruft an, sobald er etwas Zeit hat.

Kad Jūs piezvanīsiet?
Līdzko man būs acumirklis laika.
Viņš piezvanīs, līdzko viņam būs nedaudz laika.

Wie lange werden Sie arbeiten?
Ich werde arbeiten, solange ich kann.
Ich werde arbeiten, solange ich gesund bin.

Cik ilgi Jūs strādāsiet?
Es strādāšu, kamēr varēšu.
Es strādāšu, kamēr vien būšu vesela.

Er liegt im Bett, anstatt dass er arbeitet.
Sie liest die Zeitung, anstatt dass sie kocht.
Er sitzt in der Kneipe, anstatt dass er nach Hause geht.

Viņš guļ gultā tā vietā, lai strādātu.
Viņa lasa avīzi tā vietā, lai gatavotu ēst.
Viņš sēž krodziņā tā vietā, lai ietu mājās.

Soweit ich weiß, wohnt er hier.
Soweit ich weiß, ist seine Frau krank.
Soweit ich weiß, ist er arbeitslos.

Cik es zinu, viņš dzīvo šeit.
Cik es zinu, viņa sieva ir slima.
Cik es zinu, viņš ir bez darba.

Ich hatte verschlafen, sonst wäre ich pünktlich gewesen.
Ich hatte den Bus verpasst, sonst wäre ich pünktlich gewesen.
Ich hatte den Weg nicht gefunden, sonst wäre ich pünktlich gewesen.

Es aizgulējos, citādi es būtu bijusi laikā.
Es nokavēju autobusu, citādi es būtu bijusi laikā.
Es neatradu pareizo ceļu, citādi es būtu bijusi laikā.

97 [siebenundneunzig]

Konjunktionen 4

97 [deviņdesmit septiņi]

Saikļi 4

Er ist eingeschlafen, obwohl der Fernseher an war.
Er ist noch geblieben, obwohl es schon spät war.
Er ist nicht gekommen, obwohl wir uns verabredet hatten.

Viņš aizmiga, kaut gan televizors bija ieslēgts.
Viņš palika, kaut gan bija jau vēls.
Viņš neatnāca, kaut gan mēs bijām norunājuši.

Der Fernseher war an. Trotzdem ist er eingeschlafen.
Es war schon spät. Trotzdem ist er noch geblieben.
Wir hatten uns verabredet. Trotzdem ist er nicht gekommen.

Televizors bija ieslēgts. Neskatoties uz to, viņš aizmiga.
Bija jau vēls. Neskatoties uz to, viņš palika.
Mēs bijām norunājuši. Neskatoties uz to, viņš neatnāca.

Obwohl er keinen Führerschein hat, fährt er Auto.
Obwohl die Straße glatt ist, fährt er schnell.
Obwohl er betrunken ist, fährt er mit dem Rad.

Kaut arī viņam nav autovadītāja apliecības, viņš brauc ar mašīnu.
Kaut arī iela ir slidena, viņš brauc ātri.
Kaut arī viņš ir piedzēries, viņš brauc ar divriteni.

Er hat keinen Führerschein. Trotzdem fährt er Auto.
Die Straße ist glatt. Trotzdem fährt er so schnell.
Er ist betrunken. Trotzdem fährt er mit dem Rad.

Viņam nav autovadītāja apliecības. Neskatoties uz to, viņš brauc ar mašīnu.
Iela ir slidena. Neskatoties uz to, viņš brauc ātri.
Viņš ir piedzēries. Neskatoties uz to, viņš brauc ar divriteni.

Sie findet keine Stelle, obwohl sie studiert hat.
Sie geht nicht zum Arzt, obwohl sie Schmerzen hat.
Sie kauft ein Auto, obwohl sie kein Geld hat.

Viņa nevar atrast darbavietu, kaut arī ir studējusi.
Viņa neiet pie ārsta, kaut gan viņai ir sāpes.
Viņa pērk mašīnu, kaut arī viņai nav naudas.

Sie hat studiert. Trotzdem findet sie keine Stelle.
Sie hat Schmerzen. Trotzdem geht sie nicht zum Arzt.
Sie hat kein Geld. Trotzdem kauft sie ein Auto.

Viņa studēja. Neskatoties uz to, viņa nevar atrast darba vietu.
Viņai ir sāpes. Neskatoties uz to, viņa neiet pie ārsta.
Viņai nav naudas. Neskatoties uz to, viņa pērk mašīnu.

98
[achtundneunzig]

Doppelte Konjunktionen

98 [deviņdesmit astoņi]

Divdaļīgie saikļi

Die Reise war zwar schön, aber zu anstrengend.
Der Zug war zwar pünktlich, aber zu voll.
Das Hotel war zwar gemütlich, aber zu teuer.

Ceļojums bija skaists, bet pārāk nogurdinošs.
Vilciens bija precīzs, bet pārāk pilns.
Viesnīca bija mājīga, bet pārāk dārga.

Er nimmt entweder den Bus oder den Zug.
Er kommt entweder heute Abend oder morgen früh.
Er wohnt entweder bei uns oder im Hotel.

Viņš brauks vai nu ar autobusu vai ar vilcienu.
Viņš ieradīsies vai nu šovakar vai rīt agri no rīta.
Viņš dzīvos vai nu pie mums vai viesnīcā.

Sie spricht sowohl Spanisch als auch Englisch.
Sie hat sowohl in Madrid als auch in London gelebt.
Sie kennt sowohl Spanien als auch England.

Viņš runā gan spāņu, gan angļu valodā.
Viņa ir dzīvojusi gan Madridē, gan Londonā.
Viņa pazīst gan Spāniju, gan Angliju.

Er ist nicht nur dumm, sondern auch faul.
Sie ist nicht nur hübsch, sondern auch intelligent.
Sie spricht nicht nur Deutsch, sondern auch Französisch.

Viņš ir ne vien muļķis, bet arī slinks.
Viņa ir ne vien skaista, bet arī inteliģenta.
Viņa runā ne vien vācu, bet arī franču valodā.

Ich kann weder Klavier noch Gitarre spielen.
Ich kann weder Walzer noch Samba tanzen.
Ich mag weder Oper noch Ballett.

Es neprotu spēlēt ne klavieres, ne ģitāru.
Es neprotu dejot ne valsi, ne sambu.
Man nepatīk ne opera, ne balets.

Je schneller du arbeitest, desto früher bist du fertig.
Je früher du kommst, desto früher kannst du gehen.
Je älter man wird, desto bequemer wird man.

Jo ātrāk tu strādāsi, jo ātrāk tu pabeigsi.
Jo agrāk tu atnāksi, jo agrāk tu varēsi iet.
Jo vecāks, jo omulīgāks kļūst.

99
[neunundneunzig]

Genitiv

99 [deviņdesmit deviņi]

Ģenitīvs

die Katze meiner Freundin
der Hund meines Freundes
die Spielsachen meiner Kinder

manas draudzenes kaķis
mana drauga suns
manu bērnu rotaļlietas

Das ist der Mantel meines Kollegen.
Das ist das Auto meiner Kollegin.
Das ist die Arbeit meiner Kollegen.

Tas ir mana kolēģa mētelis.
Tā ir manas kolēģes mašīna.
Tas ir manu kolēģu darbs.

Der Knopf von dem Hemd ist ab.
Der Schlüssel von der Garage ist weg.
Der Computer vom Chef ist kaputt.

Krekla poga ir notrūkusi.
Garāžas atslēga ir pazudusi.
Vadītāja dators ir saplīsis.

Wer sind die Eltern des Mädchens?
Wie komme ich zum Haus ihrer Eltern?
Das Haus steht am Ende der Straße.

Kas ir meitenes vecāki?
Kā es varu nokļūt līdz viņas vecāku mājām?
Māja ir ielas galā.

Wie heißt die Hauptstadt von der Schweiz?
Wie heißt der Titel von dem Buch?
Wie heißen die Kinder von den Nachbarn?

Kā sauc Šveices galvaspilsētu?
Kāds ir grāmatas nosaukums?
Kā sauc kaimiņu bērnus?

Wann sind die Schulferien von den Kindern?
Wann sind die Sprechzeiten von dem Arzt?
Wann sind die Öffnungszeiten von dem Museum?

Kad bērniem ir brīvdienas?
Kad ārstam ir pieņemšana?
Kad muzejs ir atvērts?

100 [hundert]

Adverbien

100 [simts]

Apstākļa vārdi

schon einmal – noch nie
Sind Sie schon einmal in Berlin gewesen?
Nein, noch nie.

jau reiz – vēl nekad
Vai Jūs jau kādreiz esat bijis Berlīnē?
Nē, vēl nekad.

jemand – niemand
Kennen Sie hier jemand(en)?
Nein, ich kenne hier niemand(en).

kāds – neviens
Vai Jūs te kādu pazīstat?
Nē, es te nevienu nepazīstu.

noch – nicht mehr
Bleiben Sie noch lange hier?
Nein, ich bleibe nicht mehr lange hier.

vēl – vairs ne
Vai Jūs te vēl ilgi paliksiet?
Nē, es te vairs ilgi nepalikšu.

noch etwas – nichts mehr
Möchten Sie noch etwas trinken?
Nein, ich möchte nichts mehr.

vēl kaut ko – neko vairs
Vai jūs vēlaties vēl kaut ko dzert?
Nē, es vairs neko nevēlos.

schon etwas – noch nichts
Haben Sie schon etwas gegessen?
Nein, ich habe noch nichts gegessen.

jau kaut ko – vēl neko
Vai Jūs jau kaut ko esat ēdis?
Nē, es vēl neko neesmu ēdis.

noch jemand – niemand mehr
Möchte noch jemand einen Kaffee?
Nein, niemand mehr.

vēl kāds – vairs neviens
Vai vēl kāds vēlas kafiju?
Nē, vairs neviens.